할 수 있다!

엑셀
2016 기초

이 책의 구성

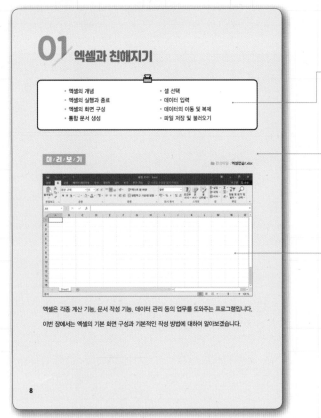

학습 포인트 🖉
이번 장에서 학습할 핵심 내용을 소개합니다.

준비파일 / 완성파일 🖉
본문에서 실습하는 파일명입니다. 시대인 게시판에서 다운로드받아 사용하세요.

미리보기 🖉
학습 결과물을 미리 살펴봅니다.

🖉 **예제 따라 하기**

실생활에서 활용할 수 있는 예제를 순서대로 따라 할 수 있도록 구성하여 누구나 쉽게 이해하고 기능을 습득할 수 있습니다.

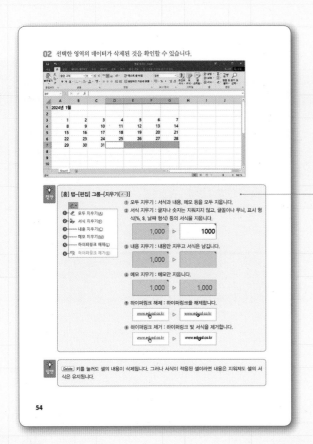

잠깐 🖋

본문에서 다루지 못한 내용이나 알아두면
유용한 내용을 설명합니다.

🖋 응용력 키우기

응용문제를 통해 본문에서 학습한 내용을 정리
하고 복습합니다.

🖋 힌트

응용문제를 푸는데 필요한 정보 또는 방법을
안내합니다.

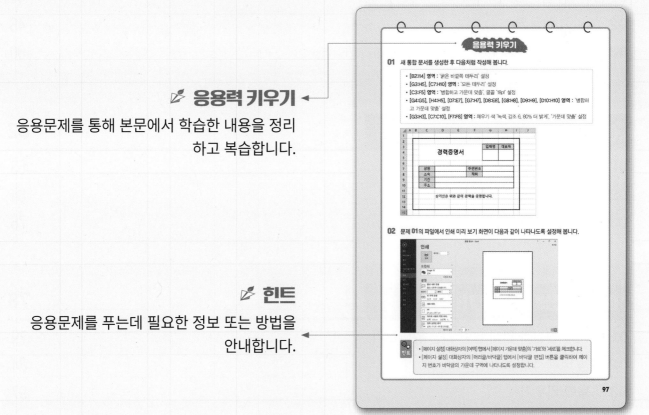

이 책의 목차

예제파일 다운로드

1
시대인 홈페이지(www.sdedu.co.kr/book)에 접속한 후 로그인합니다.
※ '시대' 회원이 아닌 경우 [회원가입]을 클릭하여 가입한 후 로그인을 합니다.

2
홈페이지 위쪽의 메뉴에서 [프로그램]을 선택합니다.

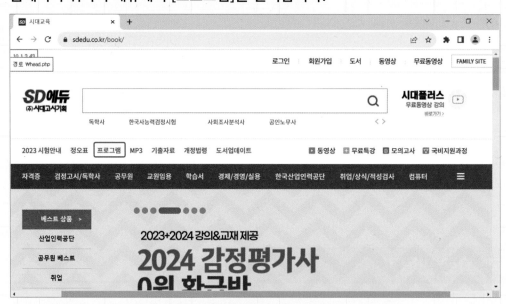

※ 홈페이지의 리뉴얼에 따라 위치나 텍스트 표현이 변경될 수도 있습니다.

3
프로그램 자료실 화면이 나타나면 책 제목을 검색합니다. 검색된 결과 목록에서 해당 도서의
자료를 찾아 제목을 클릭합니다.

○ 프로그램자료실   **H > 자료실 > 프로그램자료실**

실기, 실무 프로그램 자료실
실기, 실무에 필요한 프로그램을 제공해 드립니다.

| 제목 ▼ | 있다 엑셀 | 🔍 |

전체 (1)   전체목록   글쓰기

[할 수 있다!] 엑셀 2016 기초 N   ⬇ 다운로드
발행일 : 2023-11-01   작성일 : 2023-10-11

전체목록   글쓰기

해당 페이지가 열리면 [다운로드] 버튼을 클릭합니다. 파일이 다운로드 되면 파일을 저장한 폴더로 이동합니다.

[할 수 있다!] 엑셀 2016 기초

발행일 : 2023-11-01   작성일 : 2023-10-11

첨부파일   📁 할수있다_엑셀2016기초-예제 파일.zip

⬇ 다운로드

도서 '[할 수 있다!] 엑셀 2016 기초'의 예제 파일입니다.

예제 파일을 다운로드받은 후 압축을 풀어 학습하세요.
(본 교재의 학습용으로만 사용하세요.)

목록   다음글

압축 해제 프로그램으로 '할수있다_엑셀2016기초-예제파일.zip' 파일을 해제하면 교재의 준비파일과 완성파일이 폴더별로 제공됩니다.

01 엑셀과 친해지기

- 엑셀의 개념
- 엑셀의 실행과 종료
- 엑셀의 화면 구성
- 통합 문서 생성
- 셀 선택
- 데이터 입력
- 데이터의 이동 및 복제
- 파일 저장 및 불러오기

미·리·보·기

■ 완성파일 : 엑셀연습1.xlsx

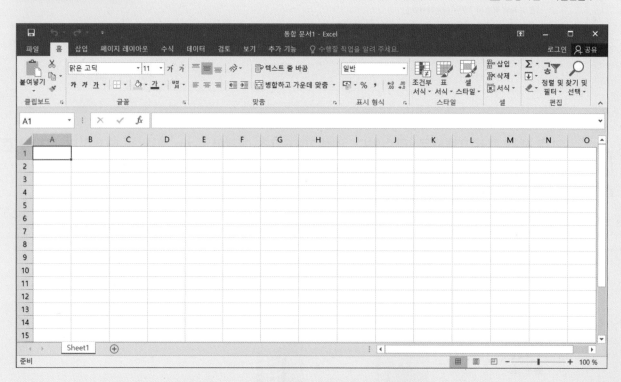

엑셀은 각종 계산 기능, 문서 작성 기능, 데이터 관리 등의 업무를 도와주는 프로그램입니다.

이번 장에서는 엑셀의 기본 화면 구성과 기본적인 작성 방법에 대하여 알아보겠습니다.

엑셀, 너란 존재는?

▶ 엑셀(Excel)

엑셀은 마이크로소프트사에서 개발한 오피스 시스템 제품
군 중 하나로 표, 계산 작업, 데이터 분석 등을 편리하게
할 수 있는 프로그램입니다. 바둑판 모양의 셀(Cell) 형식
으로 만들어져 있습니다.

엑셀은 '스프레드시트(Spread Sheet)'라고도 합니다. 스프
레드시트는 '넓은 종이'란 의미로, 엑셀의 작업은 넓게 펼
쳐진 종이 위에 데이터를 참조해가는 방식으로 진행하기
때문입니다.

▶ 엑셀 2016 화면 구성 알아보기

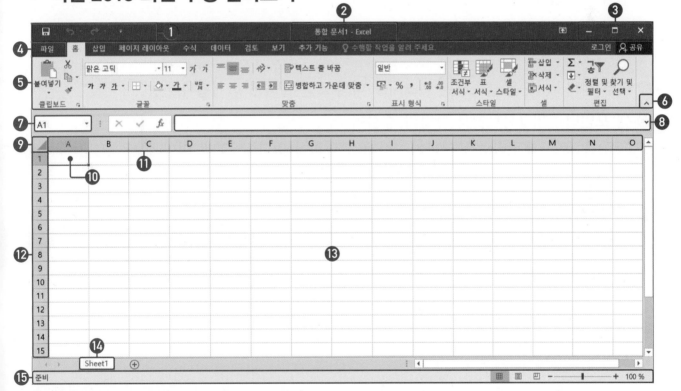

❶ **빠른 실행 도구 모음** : 자주 사용하는 도구를 빠르게 실행할 수 있도록 아이콘을 모아놓
은 곳으로, 사용자가 원하는 기능으로 도구 모음을 구성할 수 있습니다.

❷ **제목 표시줄** : 현재 작업 중인 문서의 제목을 표시합니다. 파일명을 저장하지 않으면 '통
합 문서1'이라고 표시됩니다.

❸ **창 조절 버튼** : 창을 최소화, 최대화/이전 크기로 복원, 닫기 합니다.

❹ **[파일] 탭** : 파일 열기, 저장, 인쇄, 옵션 등 파일을 관리합니다.

❺ 리본 메뉴

• **탭** : 유사한 기능의 도구들이 그룹으로 묶여 탭 안에 소속되어 있습니다.

• **그룹** : 서로 관련 있는 기능들을 그룹으로 묶어 표시합니다.

❻ 리본 메뉴 축소 : 클릭하면 리본 메뉴가 숨겨집니다. 임의의 메뉴 탭을 더블 클릭하면 다시 리본 메뉴가 고정되어 나타납니다.

> **잠깐**
>
> 리본 메뉴는 창의 크기에 따라 그룹을 구성하는 기능들의 표시가 달라질 수 있습니다.

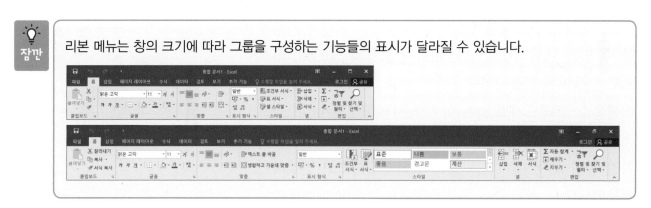

❼ 이름 상자 : 작업 중인 셀의 주소나 정의한 이름이 표시됩니다. 이곳에 셀 주소를 직접 입력하여 셀 포인터를 이동하기도 합니다.

❽ 수식 입력줄 : 현재 선택한 셀에 입력한 내용을 표시합니다. 데이터를 입력하거나 수정할 수 있습니다.

❾ 모두 선택 : 이곳을 클릭하면 워크시트 내의 모든 셀들이 선택됩니다.

❿ 셀 포인터 : 워크시트에서 작업의 중심이 되는 활성화 된 셀(Active Cell)을 굵은 테두리로 표시하며, '현재 선택되어 있다'는 것을 의미합니다.

⓫ 열 머리글 : 워크시트의 열을 구분하기 위해 A~XFD까지 모두 16,384개의 알파벳으로 구성되어 있습니다.

⓬ 행 머리글 : 워크시트의 행을 구분하기 위해 1~1,048,576까지의 숫자로 구성되어 있습니다.

⓭ 워크시트 : 데이터의 입력과 편집, 서식 지정 등 문서를 작성하는 공간으로, 셀들로 구성되어 있습니다.

⓮ 시트 탭 : 워크시트의 이름이 표시되는 곳으로, 시트를 추가하거나 이동 또는 삭제할 수 있습니다.

⓯ 상태 표시줄 : 엑셀 프로그램의 현재 상태가 표시되는 곳으로, 데이터의 셀 범위를 지정하면 평균, 개수, 합계 등이 나타납니다. 화면 보기를 변경하거나 확대/축소 슬라이더를 이용해 화면의 크기를 설정할 수 있습니다.

▶ 셀, 워크시트, 통합 문서 이해하기

① 엑셀의 기본 요소 '셀(Cell)'

셀(Cell)은 워크시트를 이루는 가장 기본적인 요소입니다. 칸칸이 이루어져 있으며, 한 칸에는 한 개의 주소가 있습니다. 마우스 포인터로 셀을 선택해 활성화(Active)시키고 데이터를 입력합니다.

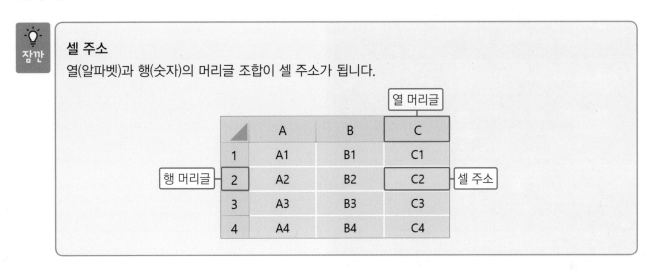

② 실제 작업 공간인 '워크시트(Worksheet)'

엑셀을 실행하면 많은 셀들로 이루어진 'Sheet1'이라는 이름의 한 장의 워크시트가 생성되며, ⊕모양의 버튼을 클릭하면 'Sheet2', 'Sheet3'와 같은 형식의 이름으로 시트를 255개까지 추가할 수 있습니다.

③ 통합 문서

여러 개의 워크시트가 모여 하나의 파일 이름을 가진 통합 문서가 만들어집니다.

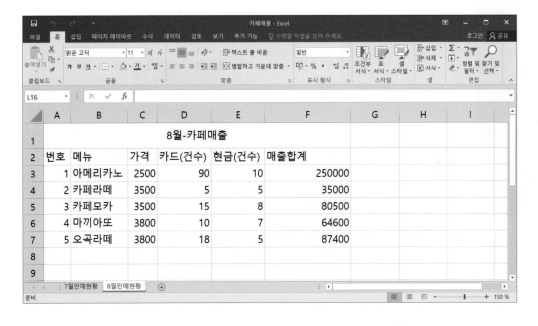

▶ 엑셀 2016 실행과 종료하기

01 [시작(⊞)]-[Excel 2016]을 클릭합니다.

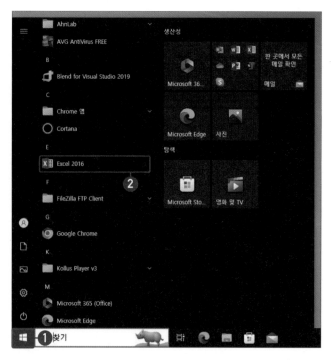

02 엑셀 프로그램이 실행되면 다음과 같은 첫 화면이 나타납니다. [새 통합 문서]를 클릭합니다.

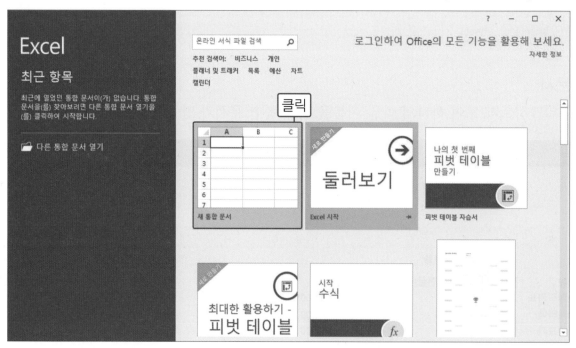

03 새 통합 문서가 열립니다. 현재 통합 문서를 닫기 위해 **[파일] 탭**을 클릭합니다.

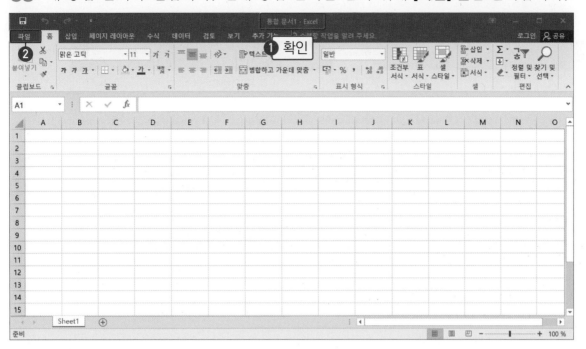

04 화면이 바뀌면 **[닫기]**를 클릭합니다.

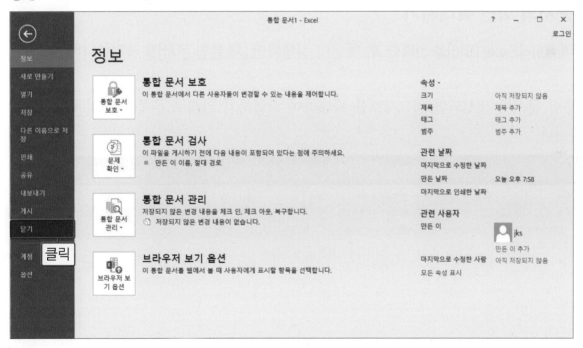

편집 화면으로 돌아가기

화면 왼쪽 위의 ⓔ를 클릭하면 리본 메뉴가 있는 이전 상태로 되돌아갑니다. 즉 **03**의 화면이 표시됩니다.

05 제목 표시줄을 통해 통합 문서는 닫혔지만 엑셀 프로그램은 아직 실행 중인 것을 확인할 수 있습니다. 엑셀 프로그램을 종료하려면 오른쪽 상단의 ▧(닫기) 버튼을 클릭합니다.

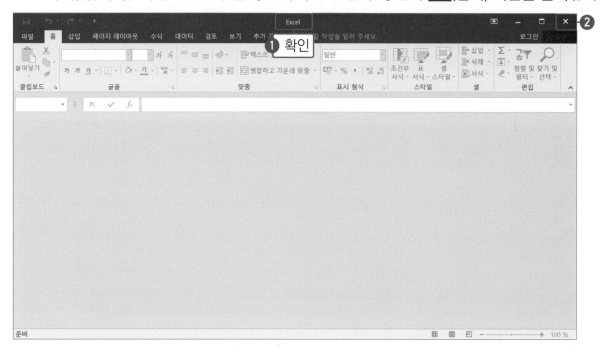

▶ 통합 문서의 화면 확대하기

01 [시작(▣)]-[Excel 2016]을 선택한 후 엑셀이 실행되면 [새 통합 문서]를 클릭합니다.

02 새 통합 문서가 생성되면 워크시트를 확대하여 작업하기 위해 오른쪽 하단의 100 % 를 클릭합니다.

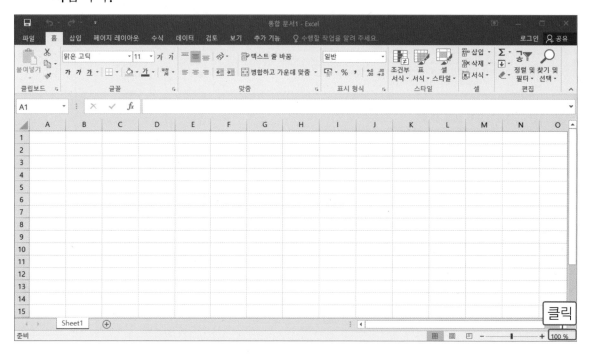

03 [확대/축소] 대화상자가 나타나면 '**사용자 지정**'을 선택하고 '**170**'을 입력한 후 [확인] 버튼을 클릭합니다.

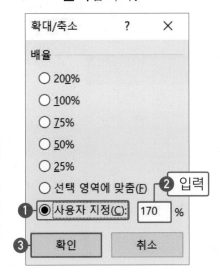

04 워크시트의 셀이 확대되어 크게 보이는 것을 확인할 수 있습니다.

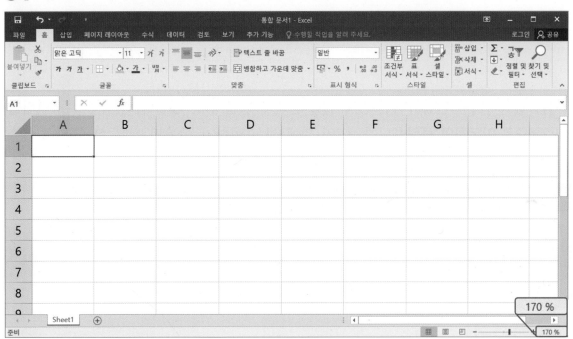

엑셀의 워크시트에서 사용되는 3가지 마우스 포인터
- ⊕ : 셀을 클릭하거나 드래그하여 '영역을 선택'할 때 사용합니다.
- ✛ : 셀 포인터의 ■(채우기 핸들)을 드래그하여 '셀의 내용을 복제'할 때 사용합니다.
- ⌖ : 셀 포인터의 초록 테두리를 드래그하여 '셀의 내용을 이동'할 때 사용합니다.

▶ 데이터 입력하기

01 현재 선택되어 있는 셀을 표시하는 셀 포인터는 기본적으로 첫째 열, 첫째 행인 [A1] 셀에 놓여 있습니다.

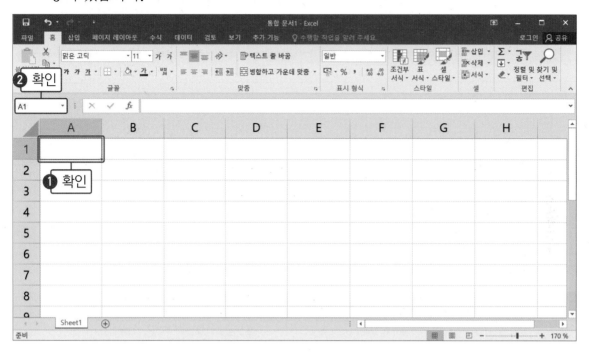

02 데이터를 입력하거나 편집하려면 먼저 셀을 선택해야 합니다. ✚ 모습의 마우스 포인터를 B열의 2행으로 이동하여 클릭합니다. [B2] 셀에 셀 포인터가 이동된 것을 확인할 수 있습니다.

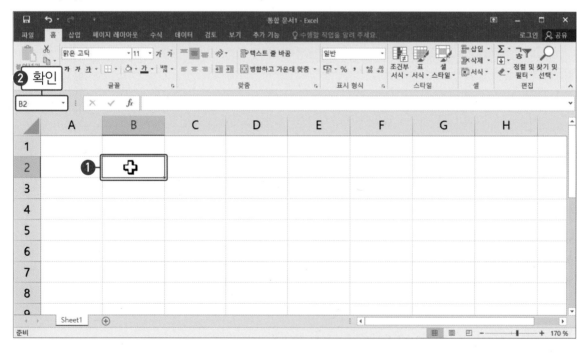

03 '컴퓨터'라고 입력하고 Enter 키를 누릅니다.

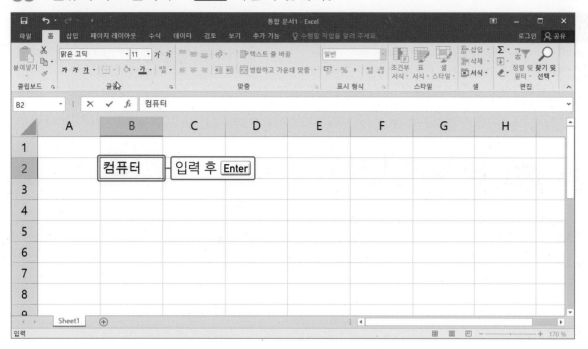

04 셀 포인터가 [B3] 셀로 이동되면 '모니터'라고 입력합니다.

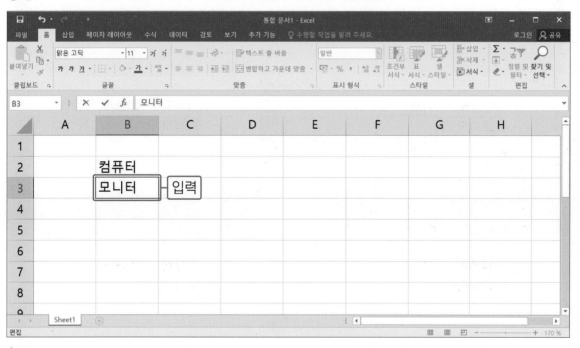

셀 포인터 이동
• 방향키(↑, ↓, ←, →)를 이용하여 상, 하, 좌, 우로 이동할 수 있습니다.
• 이름 상자에 셀 주소를 입력한 후 Enter 키를 눌러 이동할 수 있습니다.
• 셀에 데이터를 입력한 후 Enter 키를 누르면 기본적으로 아래로 이동합니다. 오른쪽으로 이동하려면 데이터를 입력한 후 Tab 키를 누릅니다.

05 [C2] 셀을 클릭한 후 '키보드'라고 입력하고 Enter 키를 눌러 입력을 마칩니다.

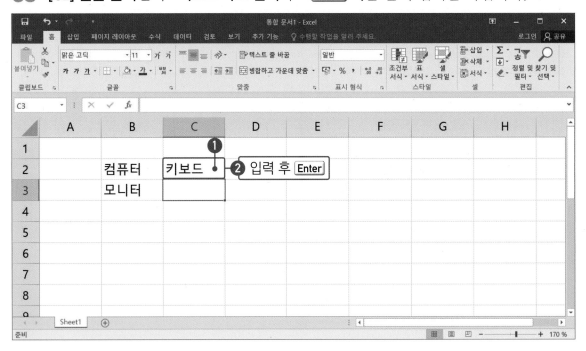

잠깐

셀 범위 선택

• **연속된 셀 범위 선택 :** Shift 키를 누른 채 클릭하면 연속된 위치에 있는 여러 개의 셀을 선택할 수 있습니다.

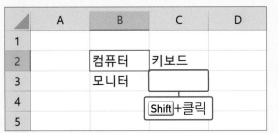

• **떨어져 있는 셀 범위 선택 :** Ctrl 키를 누른 채 클릭하면 떨어져 있는 셀을 여러 개 선택할 수 있습니다.

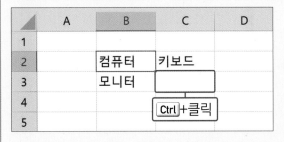

• **행/열 전체 셀 범위 선택 :** 행 전체를 선택할 때는 행 머리글을, 열 전체를 선택할 때는 열 머리글을 클릭합니다. Shift 키 또는 Ctrl 키를 활용하여 여러 개의 행 또는 열을 선택할 수도 있습니다.

• **워크시트 전체 범위 지정 :** 행 머리글과 열 머리글이 교차하는 부분의 ◢(모두 선택)을 클릭하거나 Ctrl + A 키를 누릅니다.

▶ 데이터 이동하기

01 [C2] 셀의 초록색 테두리로 마우스 포인터를 이동하여 마우스 포인터의 모습이 ✥로 변경되면 [B4] 셀로 드래그합니다.

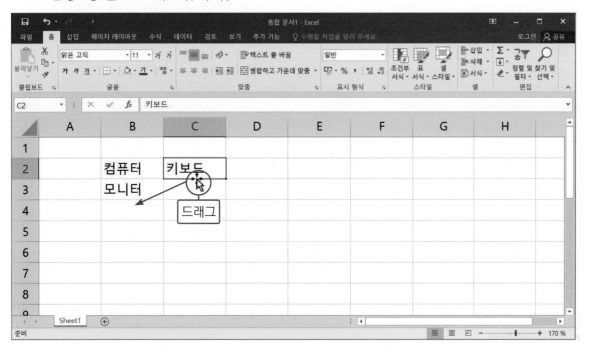

02 [B4] 셀로 데이터가 이동된 것을 확인할 수 있습니다.

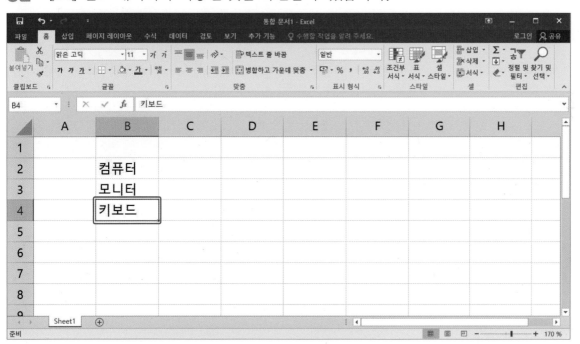

▶ 데이터 복제하기

01 셀 포인터가 위치한 [B4] 셀의 오른쪽 하단 모서리에 표시된 ■(채우기 핸들)로 마우스 포인터를 이동합니다. 마우스 포인터의 모습이 **+**로 변경되면 [B7] 셀까지 드래그합니다.

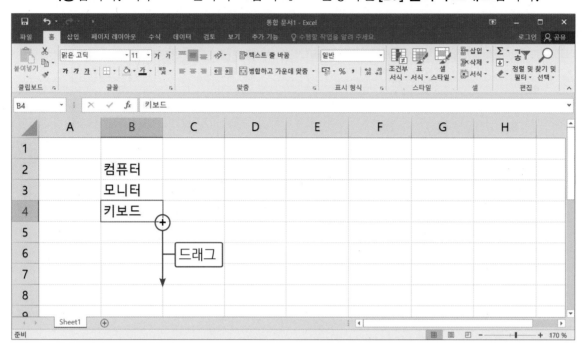

02 내용이 복제된 것을 확인할 수 있습니다. **임의의 곳을 클릭**하여 선택 영역을 해제합니다.

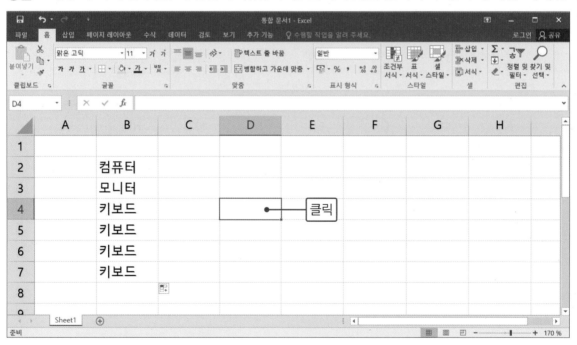

▶ 통합 문서 저장하기

01 [파일] 탭을 클릭합니다. 화면이 변경되면 [다른 이름으로 저장]을 선택한 후 [이 PC]를 더블 클릭합니다.

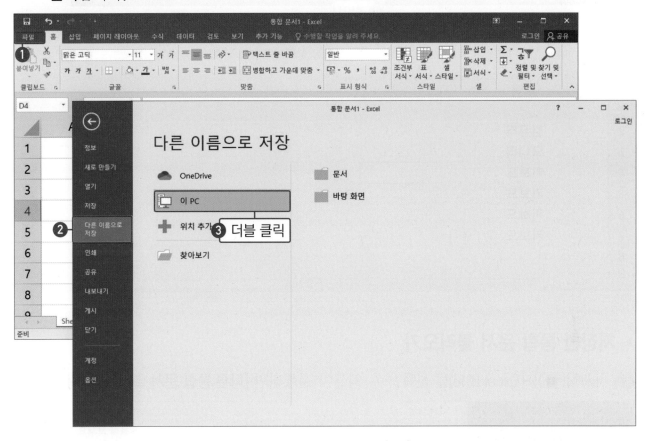

02 [다른 이름으로 저장] 대화상자가 나타나면 저장할 **위치를 지정**([문서]–[사용자이름] 폴더)하고, **파일 이름을 '엑셀연습1'이라고 입력**한 후 [저장] 버튼을 클릭합니다.

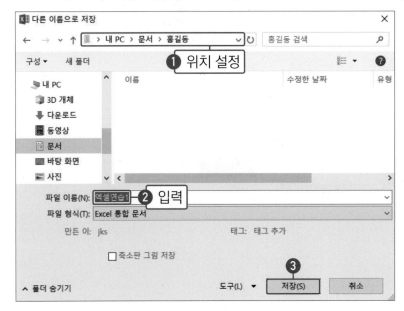

03 제목 표시줄의 이름이 저장한 파일명인 '엑셀연습1'로 바뀐 것을 확인할 수 있습니다. ⬛ (닫기) 버튼을 클릭하여 엑셀 프로그램을 종료합니다.

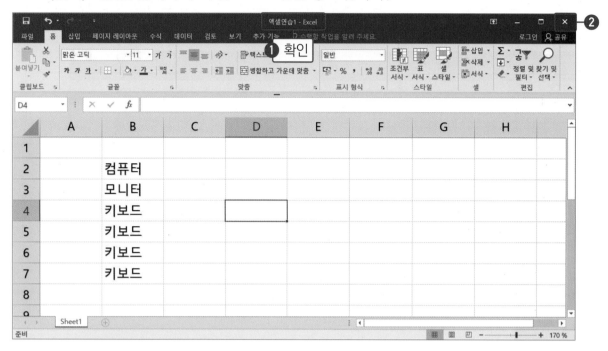

▶ 저장한 통합 문서 불러오기

01 [시작(⬛)]-[Excel 2016]을 선택한 후 엑셀이 실행되면 [다른 통합 문서 열기]를 클릭합니다.

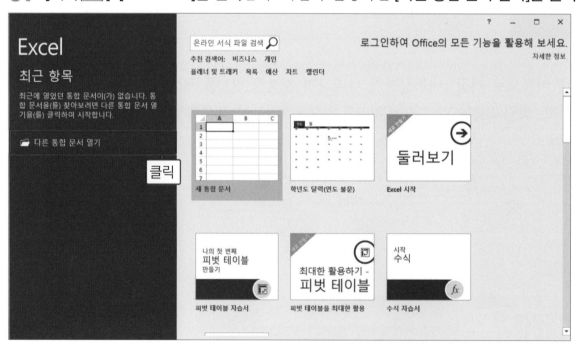

02 [열기]의 [이 PC]를 클릭한 후 오른쪽 목록에서 '엑셀연습1.xlsx' 파일을 선택합니다.

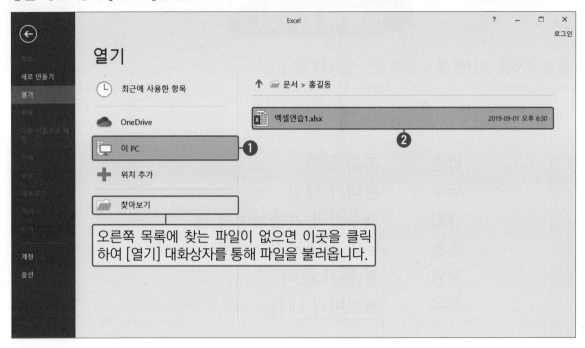

03 '**통합 문서 저장하기**'에서 작업한 내용 그대로 파일이 열린 것을 확인할 수 있습니다.

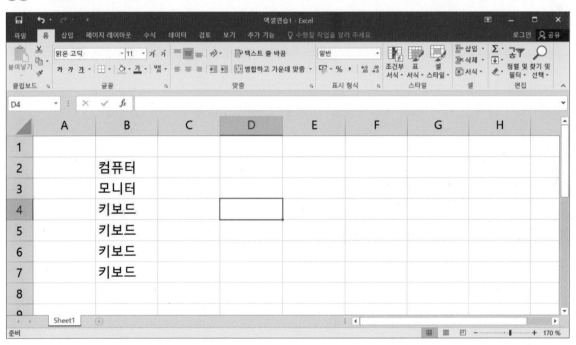

01 새 통합 문서를 생성한 후 다음과 같이 입력해 봅니다.

	A	B	C	D	E	F
1						
2		입춘	봄의 문턱			
3		우수	봄비가 내림			
4		경칩	개구리가 겨울잠에서 깸			
5		춘분	낮이 길어지기 시작함			
6		청명	봄 농사 준비			
7		곡우	농삿비가 내림			
8						

새 통합 문서 생성하기 : 엑셀 프로그램이 이미 실행되어 있는 상태라면 [파일] 탭–[새로 만들기]–[새 통합 문서]를 클릭하거나 Ctrl + N 키를 누릅니다.

02 문제 **01**에서 입력한 데이터를 다음처럼 [A1] 셀부터 나타나도록 이동해 봅니다.

	A	B	C	D	E	F
1	입춘	봄의 문턱				
2	우수	봄비가 내림				
3	경칩	개구리가 겨울잠에서 깸				
4	춘분	낮이 길어지기 시작함				
5	청명	봄 농사 준비				
6	곡우	농삿비가 내림				
7						

[B2] 셀부터 [C7] 셀까지 드래그하여 [B2:C7] 셀 범위 선택 → 선택 범위의 가장자리로 마우스 포인터 이동 → 마우스 포인터의 모습이 🔾로 변경되면 [A1] 셀 방향으로 드래그

03 문제 **02**에서 만든 파일을 '봄.xlsx'로 저장해 봅니다.

04 새 통합 문서를 생성한 후 다음처럼 입력해 봅니다.

	A	B	C	D	E	F	G
1			슈퍼 푸드(SUPER FOOD)				
2		요구르트	칼슘	소화에 도움			
3		시금치	철분	면역력에 도움			
4		사과	칼륨	암예방			
5		연어	오메가3	혈행개선			
6		블루베리	안토시안	시력개선			
7		브로콜리	비타민C	피부개선			
8		토마토	라이코펜	고혈압 예방			
9		아몬드	비타민E	항산화			
10		와인	폴리페놀	혈관 건강			

05 문제 **04**에서 입력한 [B2:D10] 영역의 데이터를 [C2:F10]으로 이동한 후 다음처럼 선택해 봅니다.

	A	B	C	D	E	F	G
1			슈퍼 푸드(SUPER FOOD)				
2			요구르트	칼슘	소화에 도움		
3			시금치	철분	면역력에 도움		
4			사과	칼륨	암예방		
5			연어	오메가3	혈행개선		
6			블루베리	안토시안	시력개선		
7			브로콜리	비타민C	피부개선		
8			토마토	라이코펜	고혈압 예방		
9			아몬드	비타민E	항산화		
10			와인	폴리페놀	혈관 건강		

힌트

떨어져 있는 셀들 선택 : [C2] 셀부터 [F2] 셀까지 드래그하여 [C2:F2] 셀 범위 선택 → Ctrl 키를 누른 채 [C4] 셀부터 [F4] 셀까지 드래그하여 [C4:F4] 셀 범위 선택 → Ctrl 키를 누른 채 [C6] 셀부터 [F6] 셀까지 드래그하여 [C6:F6] 셀 범위 선택 → Ctrl 키를 누른 채 [C8] 셀부터 [F8] 셀까지 드래그하여 [C8:F8] 셀 범위 선택 → Ctrl 키를 누른 채 [C10] 셀부터 [F10] 셀까지 드래그하여 [C10:F10] 셀 범위 선택

06 문제 **05**에서 만든 파일을 '슈퍼 푸드.xlsx'로 저장해 봅니다.

02 일정표 만들기

- 문자 데이터 입력
- 숫자 데이터 입력
- 날짜 데이터 입력
- 시간 데이터 입력
- 기호 입력
- 한자 입력
- 데이터 수정, 삭제
- 이전 작업으로 가기

미/리/보/기

■ 완성파일 : 제주여행(완성).xlsx

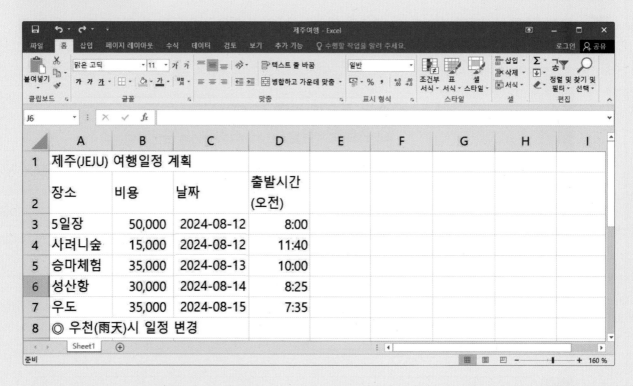

이번 장에서는 여행 일정표를 만들면서 문자/숫자 데이터, 날짜/시간 데이터, 기호/한자를 입력하는 방법과 특징을 알아보겠습니다. 데이터를 수정하고 삭제하는 방법도 함께 알아봅니다.

01 다양한 데이터의 특징 및 종류 알아보기

▶ 데이터의 특징

문자 데이터를 입력하면 셀의 왼쪽에 정렬되고 계산할 수 없는 반면, 숫자 데이터는 셀의 오른쪽으로 정렬되고 계산을 할 수 있습니다. 날짜/시간도 숫자와 같이 셀의 오른쪽으로 정렬되며, 연산 및 대소 비교가 가능합니다. 즉, 왼쪽으로 정렬되는 데이터는 계산이 불가능합니다.

▶ 문자(텍스트) 데이터

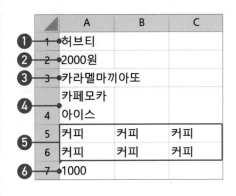

❶ 한글, 영문, 특수 문자를 입력하면 왼쪽으로 정렬됩니다.

❷ 문자와 숫자 또는 기호가 혼합된 혼합 데이터는 왼쪽으로 정렬됩니다.

❸ 데이터가 셀의 너비보다 긴 경우, 오른쪽 셀이 비어 있으면 연속해서 표시됩니다. 단, 오른쪽에 데이터가 있을 경우, 셀의 너비만큼만 표시되어 마치 글자 일부가 잘려 나간 것처럼 보입니다.

❹ 한 셀에 여러 줄의 데이터를 입력하려면, 데이터를 입력한 후 Alt + Enter 키를 눌러 줄을 바꾸고 입력합니다.

❺ 동일한 데이터를 여러 셀에 한 번에 입력하려면, 셀 범위를 설정한 후 데이터를 입력하고 Ctrl + Enter 키를 누릅니다.

❻ 숫자 데이터 앞에 접두어(')를 입력하면 문자 형식으로 변경됩니다. 예 '1000 입력

▶ 수치 데이터

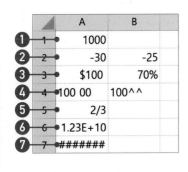

❶ 숫자를 입력하면 오른쪽으로 정렬됩니다.

❷ 음수는 '–' 기호로 시작하거나 '( )' 모양의 괄호로 둘러싸서 입력합니다. 예 –30, (25) 입력

❸ 숫자와 같이 수치 측정에 사용되는 소수점(.), 천 단위 구분 기호 쉼표(,), 부호(+, –), 통화 스타일(₩, $), 지수(E), 백분율(%) 등은 오른쪽으로 정렬됩니다. 예 $100, 70% 입력

❹ 수치 데이터 중간에 공백(빈칸)을 사용하거나 특수 문자를 사용하면 왼쪽 정렬되면서 계산을 할 수 없습니다.

❺ 분수를 입력하는 경우, 숫자와 공백(빈칸)으로 시작합니다. 예 $\frac{2}{3}$를 입력하려면 셀에 '0'을 입력한 후 Space Bar 키를 눌러 한 칸 띄고 '2/3'을 입력

❻ 긴 숫자 데이터를 입력한 경우, 셀 너비보다 길이가 길면 지수 형식으로 압축되어 표시됩니다. 셀의 너비를 확장하면 정상적으로 보입니다. 예 12345678910 입력

❼ 긴 수치 데이터가 셀 서식의 표시 형식 기능을 사용한 경우, ####으로 표시되며 셀의 너비를 확장하면 정상적으로 표시됩니다.

▶ 날짜 및 시간

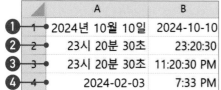

❶ 날짜는 하이픈(−)이나 슬래시(/)를 년, 월, 일의 구분자로 사용하여 입력합니다. 또는, 년, 월, 일 숫자 사이에 직접 '년', '월', '일'을 입력해도 됩니다.

❷ 시간은 콜론(:)을 시, 분, 초의 구분자로 사용하여 입력합니다. 또한 시, 분, 초 숫자 사이에 직접 '시', '분', '초'를 입력해도 됩니다. 시, 분의 형태로 입력해도 됩니다.

❸ 시간은 보통 24시각제로 표시됩니다. 12시각제로 표시할 경우에는 시간을 입력한 후 공백을 하나 입력하고, 'PM(또는 P)'이나 'AM(또는 A)'을 입력합니다.

❹ 셀에 Ctrl + ;(세미콜론) 키를 누르면 오늘의 날짜가 입력됩니다. 셀에 Ctrl + Shift + ; (세미콜론) 키를 누르면 현재 시간이 입력됩니다. 예 시스템 시간이 2024년 2월 3일 오후 7시 33분인 경우

▶ 한자

[검토] 탭−[언어] 그룹−[한글/한자 변환]을 클릭하거나 한자 키를 눌러 한글을 한자로 변환할 수 있습니다.

▶ 특수 문자

- 특수 문자는 [삽입] 탭-[기호] 그룹-[기호]를 클릭하여 선택할 수 있습니다.
- 한글 자음(ㄱ, ㄴ, ㄷ,…) 중의 하나를 입력하고 한자 키를 누르면 특수 문자 목록이 표시되어 원하는 기호를 선택할 수 있습니다.
  - ㄷ : 수학식 기호
  - ㅁ : 일반 특수 문자 기호
  - ㅈ : 아라비아, 로마자 숫자
  - ㄹ : 계량 단위(cm, km)
  - ㄴ : 괄호 표시

▲ 자음 입력 후 한자 키 : Tab 키를 누르면 목록이 확장됨

여행 일정표 만들기

▶ 문자 입력하기

01 엑셀을 실행한 후 [새 통합 문서]를 클릭합니다. 새 통합 문서가 생성되면 기본적으로 [A1] 셀이 선택되어 있습니다. '제주(JEJU) 여행일정 계획'이라고 입력한 후 Enter 키를 누릅니다.

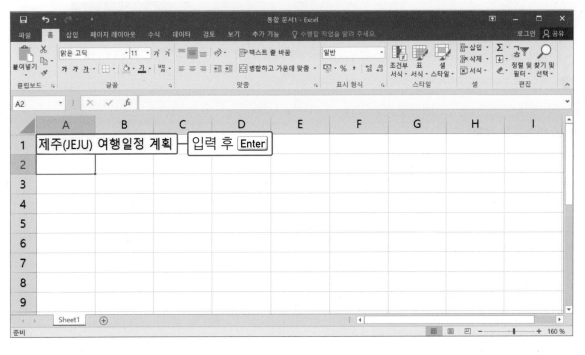

02 [A2] 셀이 선택된 상태에서 **'장소'라고 입력**한 후 `Tab` 키를 누릅니다. [B2] 셀이 선택되면 **'비용'이라고 입력**한 후 `Tab` 키를 누릅니다. [C2] 셀이 선택되면 **'날짜'라고 입력**한 후 `Tab` 키를 누릅니다. [D2] 셀이 선택되면 **'출발시간'이라고 입력**한 후 줄을 바꿔 두 줄로 입력하기 위해 `Alt` + `Enter` 키를 누릅니다.

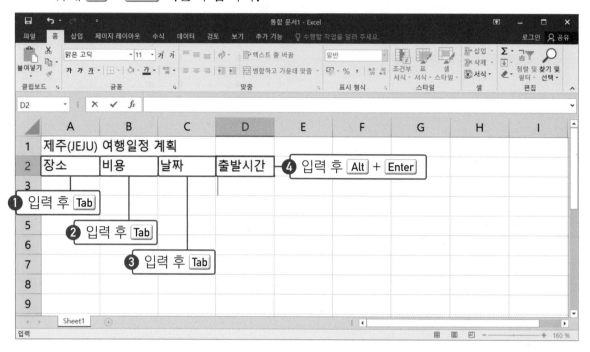

03 커서가 아래로 내려가면 **'(오전)'이라고 입력**한 후 `Enter` 키를 누릅니다.

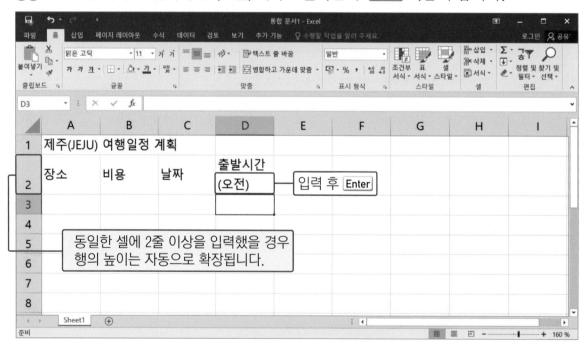

04 [A3] 셀을 클릭한 후 '5일장'이라 입력하고 Enter 키를 누릅니다. [A4] 셀이 선택되면 '사려니숲'이라고 입력한 후 Enter 키를 누릅니다. [A5] 셀이 선택되면 '승마체험'이라고 입력한 후 Enter 키를 누릅니다. [A6] 셀이 선택되면 '성산항'이라고 입력한 후 Enter 키를 누릅니다. [A7] 셀이 선택되면 '우도'라고 입력한 후 Enter 키를 누릅니다.

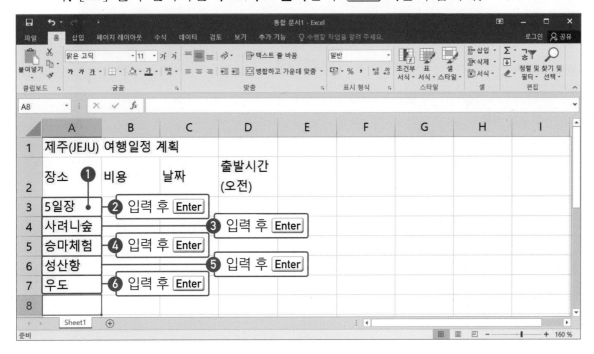

▶ 숫자 입력하기

01 [B3] 셀을 클릭한 후 '50000'을 입력하고 Enter 키를 누릅니다. 나머지 셀들도 다음처럼 차례로 입력합니다.

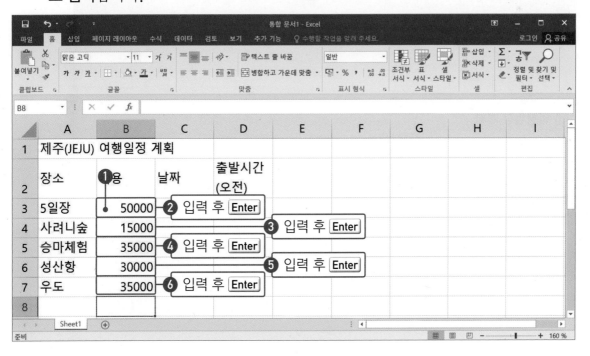

02 [B3] 셀부터 [B7] 셀까지 드래그하여 [B3:B7] 영역을 선택한 후 **[홈] 탭-[표시 형식] 그룹-[쉼표 스타일(,)]**을 클릭합니다. 1000단위를 구분하는 기호가 삽입된 것을 확인할 수 있습니다.

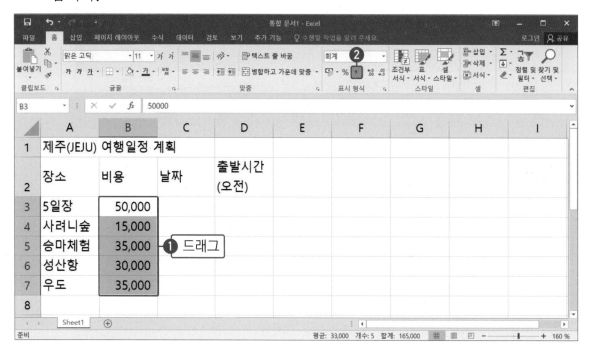

▶ 날짜 입력하기

01 [C3] 셀을 클릭한 후 '2024-8-12'를 입력하고 Enter 키를 누릅니다. '2024-08-12'로 나타납니다.

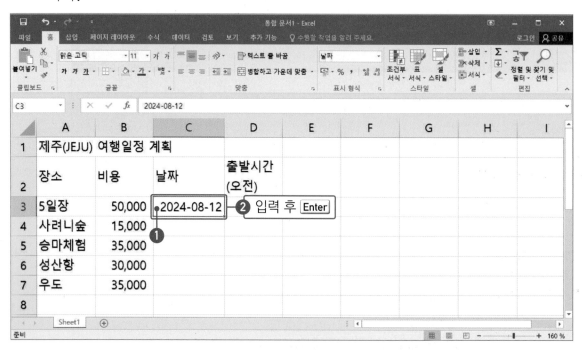

02 [C4] 셀이 선택된 상태에서 '2024/8/12'를 입력하고 Enter 키를 누릅니다. 마찬가지로 '2024-08-12'로 나타납니다. [C5:C7] 영역에 다음처럼 **나머지 날짜도 입력합니다.**

잠깐

'8-12'나 '8/12'처럼 년도 없이 입력하는 경우 −(하이픈)이나 /(슬래시) 표시는 사라지고 '월', '일'이 붙습니다. 셀에 표시되는 데이터에는 연도가 표시되지 않지만, 수식 입력줄을 보면 연도가 삽입되어 있는 것을 확인할 수 있습니다. 사용자의 컴퓨터에 설정된 현재 연도가 자동으로 설정됩니다.

예 시스템 설정 날짜 : 2024년인 경우

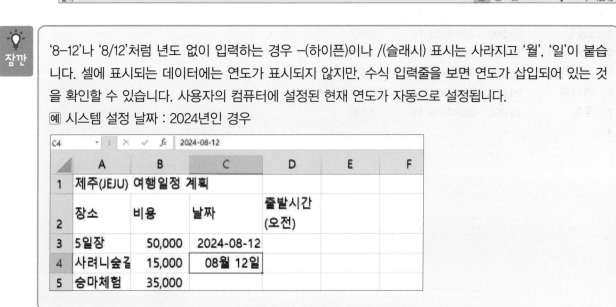

▶ 시간 입력하기

01 [D3] 셀을 클릭한 후 '8:00'을 입력하고 Enter 키를 누릅니다.

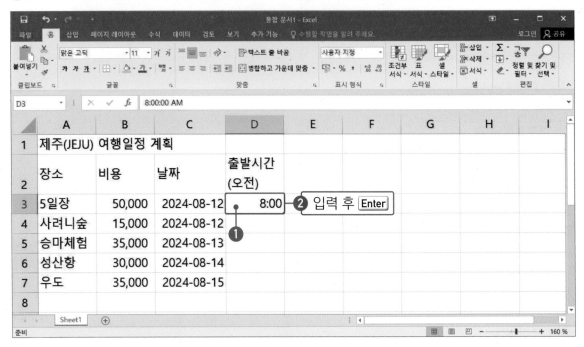

02 [D4:D7] 영역에 다음처럼 **시간 데이터를 입력**합니다.

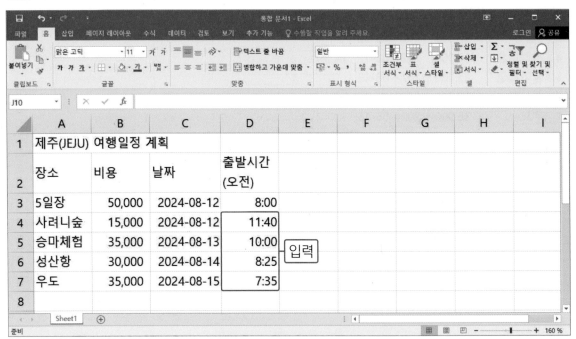

▶ 기호 입력하기

01 [A8] 셀을 클릭한 후 [삽입] 탭-[기호] 그룹-[기호]를 클릭합니다. [기호] 대화상자가 나타나면 [글꼴]은 '(현재 글꼴)', [하위 집합]은 '도형 기호'로 설정하고 '◎' 모양을 선택한 후 [삽입] 버튼을 클릭합니다. 이어서 [닫기] 버튼을 클릭합니다.

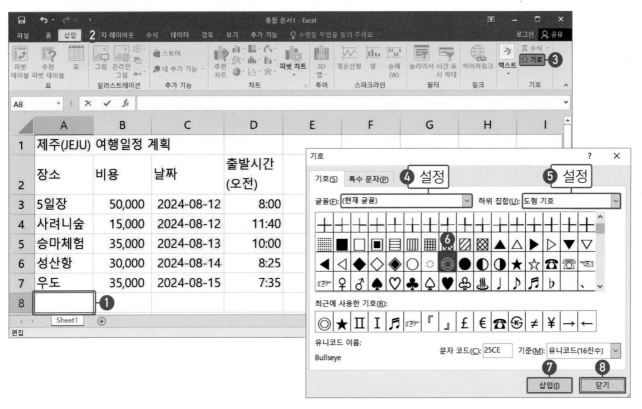

02 기호가 삽입된 것을 확인할 수 있습니다.

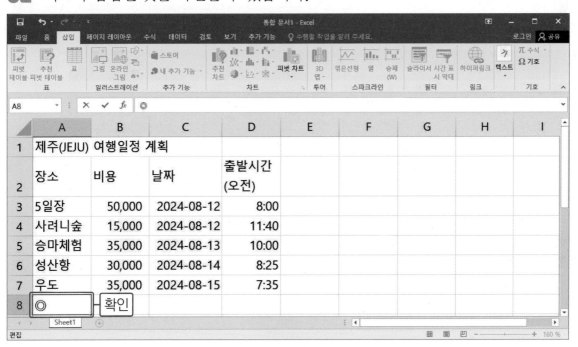

▶ 한자 입력하기

01 [A8] 셀에 커서가 들어 있는 상태에서 '**우천**'이라고 입력합니다. 더블 클릭하여 '우천'을 블록으로 지정하거나 '**우천**' 뒤에 커서를 위치시킨 후 한자 키를 누릅니다. [한글/한자 변환] 대화상자가 나타나면 [한자 선택] 목록에서 '雨天'을 선택합니다. [입력 형태]에서 '한글(漢字)'를 선택하고 [변환] 버튼을 클릭합니다.

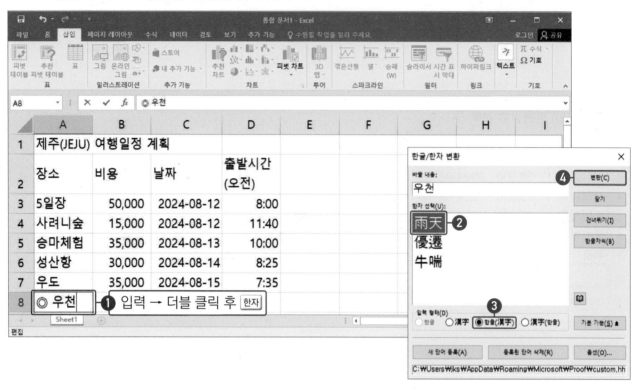

02 한자가 삽입된 것을 확인한 후 '시 다른 일정으로 변경 예정임'을 입력하고 Enter 키를 누릅니다.

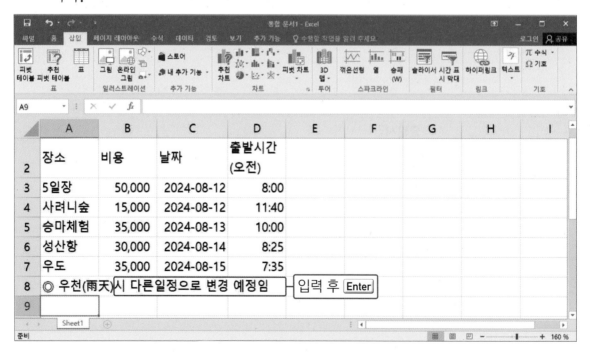

36

▶ 데이터 수정하기

01 [A8] 셀을 클릭한 후 F2 키를 누릅니다.

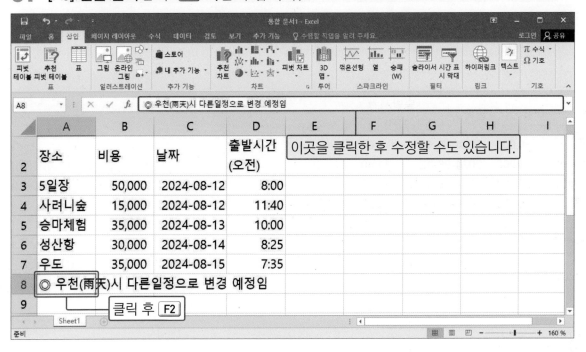

02 [A8] 셀의 맨 마지막으로 커서가 이동합니다.

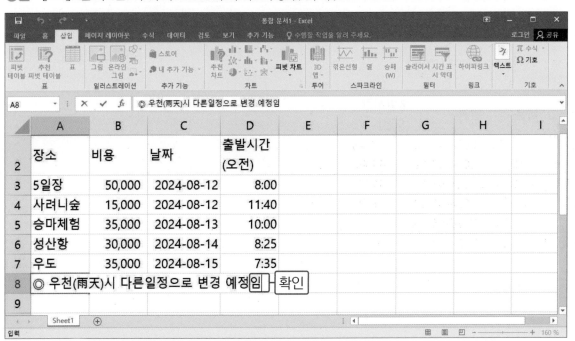

03 '우천(雨天)시'만 나타나도록 BackSpace 키를 눌러 한 글자씩 글자를 지웁니다.

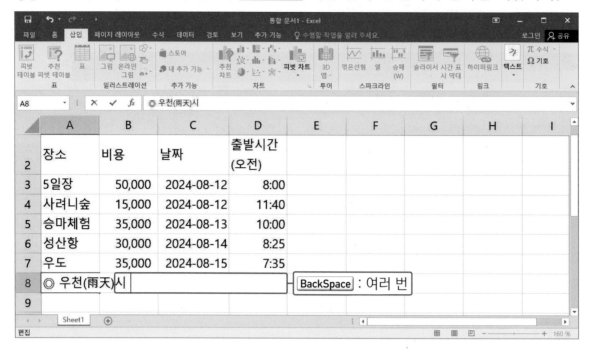

04 '일정 변경'을 입력합니다.

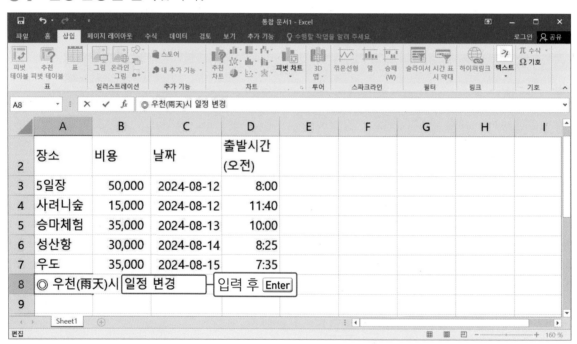

▶ 데이터 삭제하기

01 [D2] 셀을 클릭한 후 Delete 키를 누릅니다.

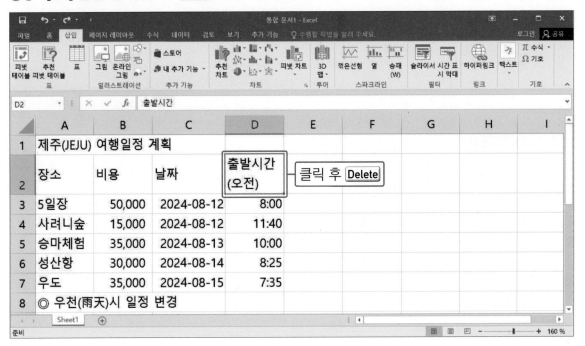

02 셀의 내용이 삭제된 것을 확인할 수 있습니다.

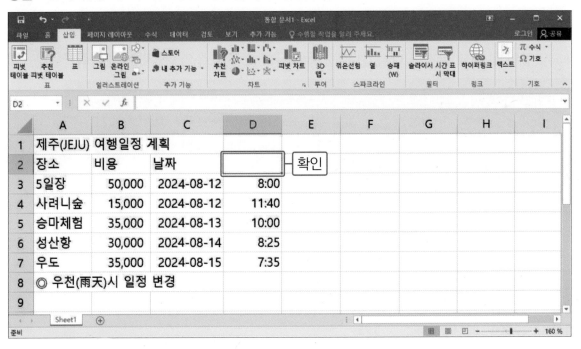

▶ 이전 작업으로 가기

01 빠른 실행 도구 모음의 🔄(취소)를 클릭하여 작업 단계를 한 단계 이전으로 되돌립니다.

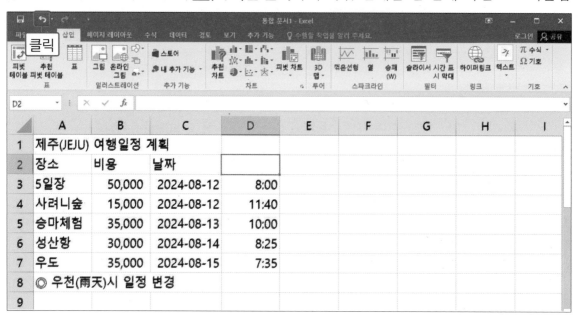

 잠깐 Ctrl + Z 키를 눌러 작업을 취소할 수도 있습니다. 여러 번 누르면 누른 횟수만큼 작업 단계가 취소됩니다.

02 삭제되었던 [D2] 셀의 글자가 나타납니다. 빠른 실행 도구 모음의 💾(저장)을 클릭합니다.

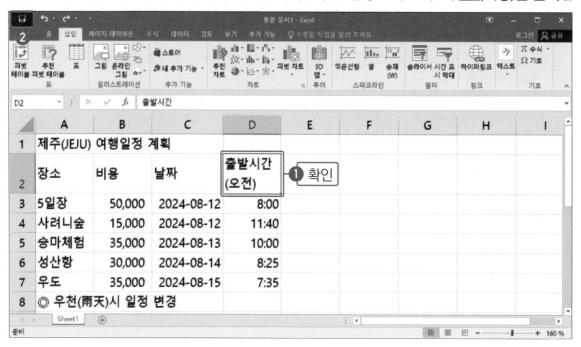

03 [다른 이름으로 저장] 대화상자가 나타나면 파일 이름을 '제주여행'으로 저장합니다.

01 새 통합 문서를 생성한 후 다음처럼 데이터를 입력해 봅니다.

	A	B	C	D	E	F	G
1							
2		※여수여행 일정표					
3							
4		행선지	출발시간	이동시간	날짜	주소(住所)	
5		오동도	9:10	30분	09월 10일	수정동 산1-11	
6		중앙광장	9:30	30분	09월 11일	중앙동 385-6	
7		천사벽화	11:00	30분	09월 11일	고소동 천사마을	
8		항일암	8:00	1시간 20분	09월 12일	돌산읍	
9							

'00월 00일' 형식으로 날짜를 표현하기 위해서는 셀을 선택한 후 '월/일' 또는 '월–일' 형식으로 입력합니다.

02 문제 **01**의 파일에서 [B2] 셀의 기호를 수정하고, [C4] 셀과 [D5:D8] 영역의 데이터를 수정해 봅니다.

	A	B	C	D	E	F	G
1							
2		◆여수여행 일정표◆					
3							
4		행선지	출발시간 (오전)	이동시간	날짜	주소(住所)	
5		오동도	9:10	20분	09월 10일	수정동 산1-11	
6		중앙광장	9:30	30분	09월 11일	중앙동 385-6	
7		천사벽화	11:00	10분	09월 11일	고소동 천사마을	
8		항일암	8:00	1시간	09월 12일	돌산읍	

데이터 수정 : 셀을 선택하고 입력하면 기존에 입력되어 있는 데이터가 모두 삭제되고, 새로 입력한 내용으로 변경됩니다. 입력된 데이터의 내용을 남기고 내용을 추가하거나 일부만 삭제하려면 수정할 데이터가 담긴 셀을 더블 클릭하거나 F2 키를 눌러 셀 안에 커서를 삽입한 후 작업합니다.

03 문제 **02**의 파일을 '여수여행.xlsx'로 저장해 봅니다.

04 새 통합 문서를 생성한 후 다음처럼 데이터를 입력해 봅니다.

	A	B	C	D	E	F	G
1		※ 분기별 최고 판매상품 내역					
2		기간	상품	지역	판매수량	담당자	
3		1월~3월	컴퓨터	영등포구	1200	이지혜	
4			노트북	마포구	1250	김성범	
5		4월~6월	냉장고	성북구	1650	장지수	
6			세탁기	강남구	650	이명관	
7		7월~9월	에어컨	서초구	775	홍순우	
8			건조기	구로구	500	서희수	
9		10월~12월	청소기	도봉구	1210	김동준	
10			정화기	관악구	500	차정원	

05 문제 **04**의 파일에서 [B2], [B3], [B5], [B7], [B9] 셀과 [E3:E10] 영역을 다음과 같이 수정해 봅니다.

	A	B	C	D	E	F	G
1		※ 분기별 최고 판매상품 내역					
2		기간(期間)	상품	지역	판매수량	담당자	
3		1/4 분기	컴퓨터	영등포구	1,200	이지혜	
4			노트북	마포구	1,250	김성범	
5		2/4 분기	냉장고	성북구	1,650	장지수	
6			세탁기	강남구	650	이명관	
7		3/4 분기	에어컨	서초구	775	홍순우	
8			건조기	구로구	500	서희수	
9		4/4 분기	청소기	도봉구	1,210	김동준	
10			정화기	관악구	500	차정원	

힌트

- [B2] 셀 : 셀 선택 후 F2 키 → 한자 키를 누르고, '한글(漢字)' 형식으로 알맞은 한자 선택
- [B3], [B5], [B7], [B9] 셀 : 각 셀을 선택한 후 입력하여 셀의 내용 변경
- [E3:E10] 영역 : 드래그하여 셀 범위 지정 → 1000단위를 구분하는 '쉼표 스타일(9)' 설정

06 문제 **05**의 파일을 '판매상품.xlsx'로 저장해 봅니다.

03 달력 만들기

- 자동 채우기 : 연속 값
- 자동 채우기 : 증감 값
- 자동 채우기 : 사용자 지정 목록
- 데이터 지우기
- 행 높이와 열 너비
- 행 삽입
- 병합하고 가운데 맞춤

미 / 리 / 보 / 기

📁 완성파일 : 달력(완성).xlsx

이번 장에서는 월 달력 만들기를 통해 데이터를 자동으로 채우는 방법과 행 높이와 열 너비를 조절하는 방법, 행을 삽입하는 방법 등에 대하여 알아보겠습니다.

▶ 셀 자동 채우기

1 자동 채우기

- 자동 채우기 기능은 셀에 입력된 데이터, 값, 수식을 연속적으로 복사하여 붙여 넣고 자 하는 경우 사용합니다.

- 마우스 포인터를 셀의 오른쪽 아래 모서리에 표시된 ■(채우기 핸들)로 이동하면 마우스 포인터의 모습이 ✛로 표시되는데, 이때 드래그하면 자동으로 채우기가 실행됩니다.

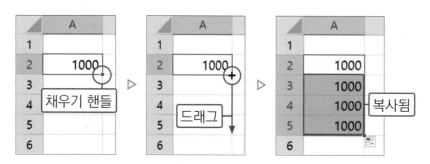

- 데이터가 단순히 복사가 되기도 하지만, 데이터의 종류나 선택 범위에 따라 일정한 증가나 감소의 값으로 채워지기도 합니다.

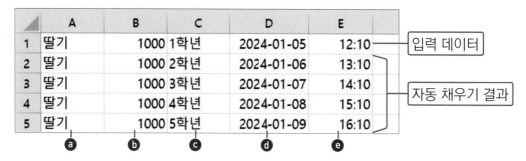

ⓐ 문자 데이터 : 자동 채우기 하면 셀이 복사됩니다.

ⓑ 숫자 데이터 : 자동 채우기 하면 셀이 복사됩니다.

ⓒ 혼합 데이터 : 자동 채우기 하면 문자 데이터는 복사되고, 숫자 데이터는 1씩 증가됩니다.

ⓓ 날짜 : 자동 채우기 하면 1일 단위로 증가됩니다.

ⓔ 시간 : 자동 채우기 하면 1시간 단위로 증가됩니다.

잠깐

> Ctrl 키를 누른 채 자동 채우기 하면 숫자 데이터는 1씩 증가되며, 그 외 다른 데이터들은 셀이 복사됩니다.

② 자동 채우기 옵션

- 자동 채우기를 실행하면 오른쪽 아래에 ⊞(자동 채우기 옵션)이 생성되는데, 클릭하여 셀 복사, 연속 데이터 채우기 등을 선택적으로 사용할 수 있습니다.
- '셀 복사'를 선택하면 셀이 그대로 복사되며, '연속 데이터 채우기'를 실행하면 숫자인 경우 1씩 증가합니다.

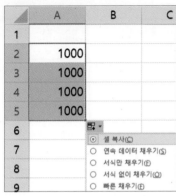
▲ '셀 복사' 선택

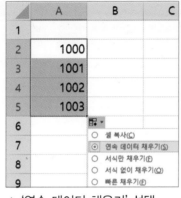
▲ '연속 데이터 채우기' 선택

③ 사용자 지정 목록 데이터

- 자주 사용하는 문자 목록이나 연속되는 데이터를 [사용자 지정 목록]에 지정해 놓은 후 ■(채우기 핸들)을 이용하면 데이터를 빠르게 채울 수 있습니다.
- 사용자 지정 목록은 [파일] 탭-[옵션]을 선택하면 나타나는 [Excel 옵션] 대화상자의 [고급]-[일반]에서 [사용자 지정 목록 편집] 버튼을 클릭해 만들 수 있습니다. [사용자 지정 목록] 대화상자의 [목록 항목]에 데이터를 입력한 후 [추가] 버튼을 클릭하면 저장되어 사용할 수 있습니다. 등록된 순서에 따라 데이터가 채워집니다.

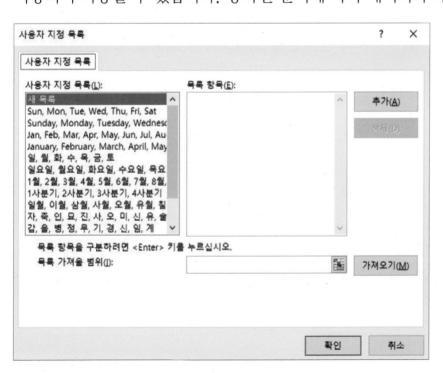

▶ 행과 열 크기 및 삽입/삭제하기

① 행/열 크기 조절

- 행 또는 열을 선택한 후 [홈] 탭-[셀] 그룹-[서식]을 클릭하면 나타나는 [셀 크기] 항 목을 이용해서 행 높이 또는 열 너비를 조정할 수 있습니다.

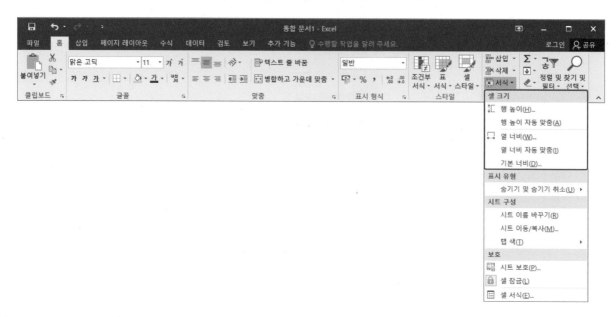

- 행 또는 열의 머리글의 경계선을 이용하여 조정할 수도 있습니다.

ⓐ 행의 크기 조절 : 행 머리글의 경계선을 드래그하여 높이를 조절합니다.

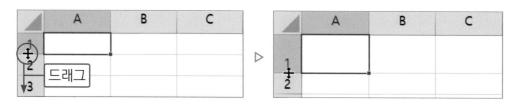

ⓑ 열의 크기 조절 : 열 머리글의 경계선을 드래그하여 너비를 조절합니다.

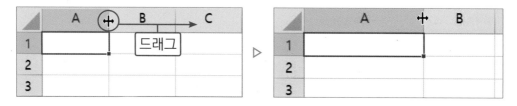

ⓒ 텍스트 크기에 맞게 크기 조정 : 경계선을 더블 클릭하면 자동으로 텍스트 길이에 맞게 크기를 조정합니다.

② 행/열 삽입

- 행 또는 열 머리글을 선택하거나 셀 포인터의 위치를 지정한 후, [홈] 탭−[셀] 그룹−[삽입(🔲삽입 ▾)]에서 🔻를 클릭하여 [시트 행 삽입] 또는 [시트 열 삽입]을 선택하면 삽입할 수 있습니다. 선택한 행의 위쪽이나 선택한 열의 왼쪽에 삽입됩니다.

▲ [B2] 셀 선택 　　　　▲ 행 삽입 　　　　▲ 열 삽입

- [삽입(🔲삽입 ▾)]에서 아이콘(🔲)을 클릭하면 선택한 셀 개수만큼 선택 위치에 셀이 삽입되고, 선택되었던 기존 셀들은 아래로 밀립니다.

③ 행/열 삭제

- 행 또는 열 머리글을 선택하거나 셀 포인터의 위치를 지정한 후, [홈] 탭−[셀] 그룹−[삭제(🔲삭제 ▾)]에서 🔻를 클릭하여 [시트 행 삭제] 또는 [시트 열 삭제]를 선택하면 행 또는 열을 삭제할 수 있습니다. 선택한 행이 삭제되고 아래쪽의 셀들이 위쪽으로 당겨지거나 선택한 열이 삭제되고 오른쪽의 셀들이 왼쪽으로 당겨집니다.

▲ [B2] 셀 선택 　　　　▲ 행 삭제 　　　　▲ 열 삭제

- [삭제(🔲삭제 ▾)]에서 아이콘(🔲)을 클릭하면 선택된 셀만 삭제되고, 아래쪽의 셀들이 위로 당겨집니다.

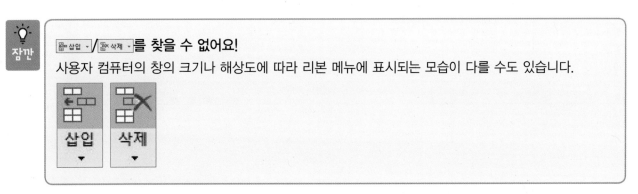

잠깐

🔲삽입 ▾/🔲삭제 ▾를 찾을 수 없어요!

사용자 컴퓨터의 창의 크기나 해상도에 따라 리본 메뉴에 표시되는 모습이 다를 수도 있습니다.

삽입　　삭제

[삽입(📋삽입 ▾)] 또는 [삭제(📋삭제 ▾)]의 하위 메뉴에서 [셀 삽입] 또는 [셀 삭제]를 선택한 경우, 나타나는 대화상자에서 삽입 또는 삭제 방향 지정, 부분 삽입 및 삭제를 할 수 있습니다.

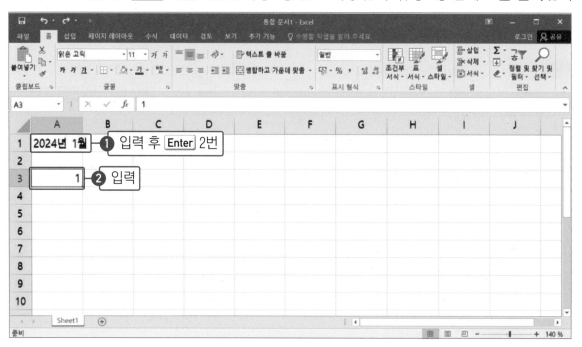

02 월 달력 만들기

▶ 데이터 자동 채우기 : 연속 값으로 채우기

01 엑셀을 실행한 후 [새 통합 문서]를 클릭합니다. 새 통합 문서의 [A1] 셀에 '2024년 4월'이라고 입력한 후 Enter 키를 2번 눌러 [A3] 셀로 이동합니다. [A3] 셀에 '1'을 입력합니다.

02 [A3] 셀의 오른쪽 아래 모서리에 표시된 ■(채우기 핸들)로 마우스 포인터를 이동합니다.
마우스 포인터가 ✛ 모양일 때 Ctrl 키를 누르면 ✛으로 변경됩니다. ■(채우기 핸들)을
Ctrl 키를 누른 상태로 [G3] 셀까지 드래그합니다.

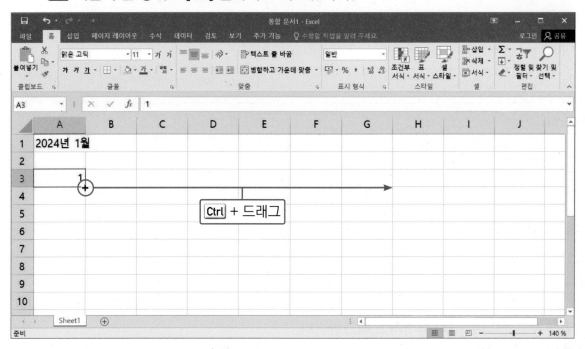

03 '1'씩 증가되면서 자동으로 셀의 내용이 채워집니다.

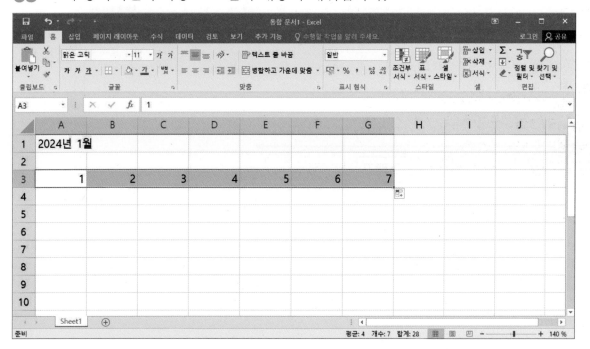

Ctrl 키를 누르지 않고, 마우스 포인터의 모습이 ➕인 상태에서 ■(채우기 핸들)을 드래그하면 숫자 데이터이기 때문에 동일한 데이터로 복사되어 채워집니다.

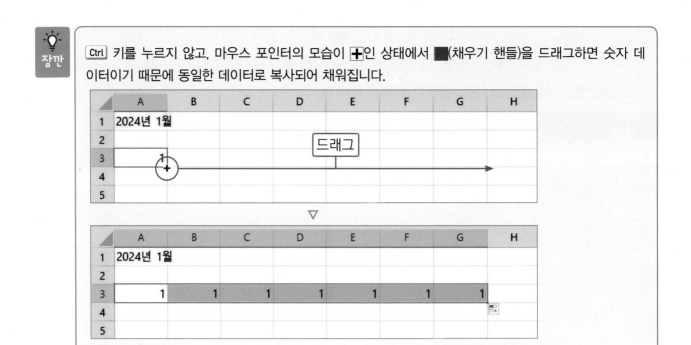

04 [A4] 셀을 클릭하여 셀 포인터를 이동한 후 '8'을 입력합니다. [A4] 셀의 ■(채우기 핸들)을 Ctrl 키를 누른 상태로 [G4] 셀까지 드래그합니다.

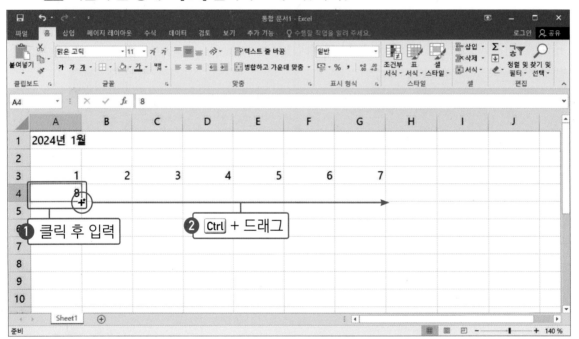

05 '1'씩 증가되면서 자동으로 셀의 내용이 채워집니다.

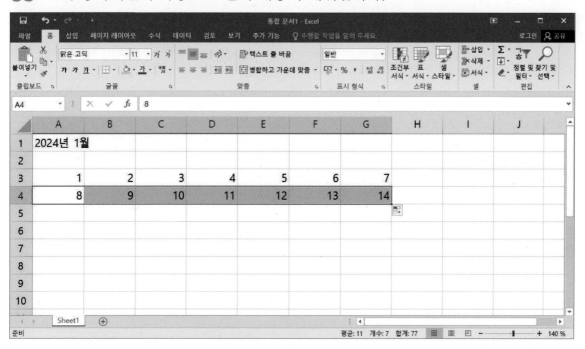

▶ 데이터 자동 채우기 : 증감 값으로 채우기

01 [A3] 셀부터 [A4] 셀까지 드래그하여 [A3:A4] 영역을 선택한 후 [A4] 셀의 ■(채우기 핸들)을 [A7] 셀까지 드래그합니다.

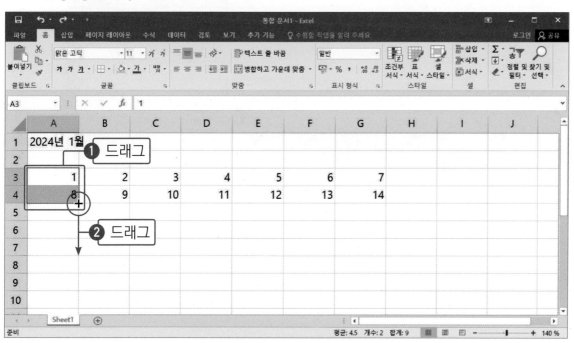

02 [A7] 셀까지 '7'씩 증가되어 채워진 것을 확인할 수 있습니다.

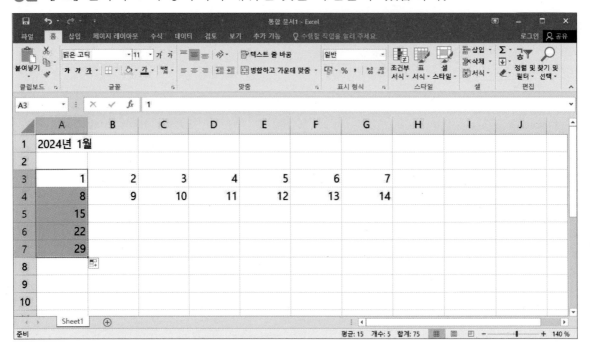

03 [B3] 셀부터 [G4] 셀까지 드래그하여 [B3:G4] 영역을 선택한 후 [G4] 셀의 ■(채우기 핸들)을 [G7] 셀까지 드래그합니다.

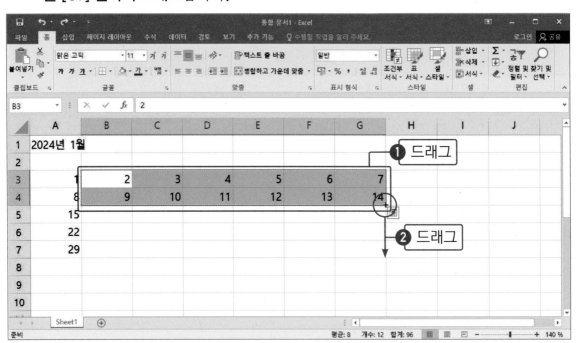

04 한꺼번에 세로로 '7'씩 증가되어 자동 채워진 것을 확인할 수 있습니다.

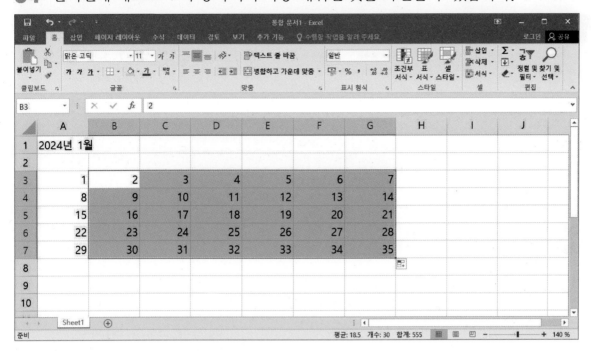

▶ 데이터 모두 지우기

01 3월의 날짜는 31일까지므로 불필요한 내용이 입력되어 있는 [D7] 셀부터 [G7] 셀까지 드래그하여 [D7:G7] 영역을 선택합니다. [홈] 탭-[편집] 그룹-[지우기(🖋▾)]를 클릭한 후 [모두 지우기]를 선택합니다.

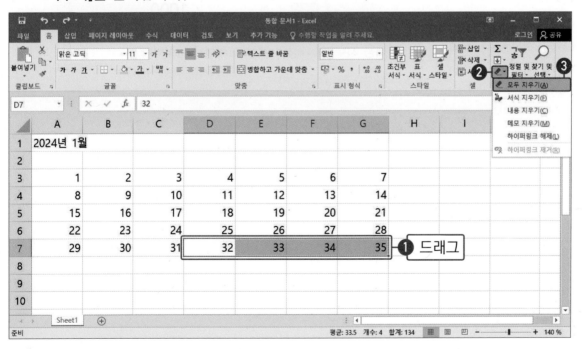

02 선택한 영역의 데이터가 삭제된 것을 확인할 수 있습니다.

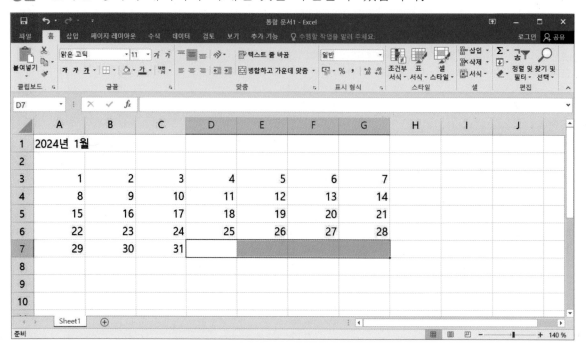

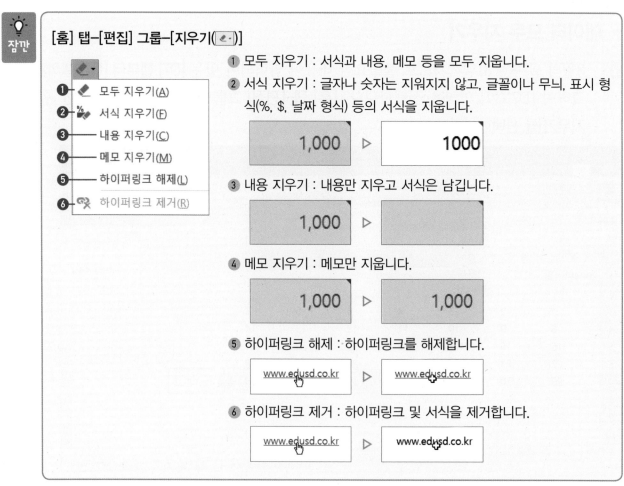

잠깐

[홈] 탭-[편집] 그룹-[지우기(◆ ▾)]

① 모두 지우기 : 서식과 내용, 메모 등을 모두 지웁니다.

② 서식 지우기 : 글자나 숫자는 지워지지 않고, 글꼴이나 무늬, 표시 형식(%, $, 날짜 형식) 등의 서식을 지웁니다.

1,000 ▷ **1000**

③ 내용 지우기 : 내용만 지우고 서식은 남깁니다.

1,000 ▷

④ 메모 지우기 : 메모만 지웁니다.

1,000 ▷ 1,000

⑤ 하이퍼링크 해제 : 하이퍼링크를 해제합니다.

www.edusd.co.kr ▷ www.edusd.co.kr

⑥ 하이퍼링크 제거 : 하이퍼링크 및 서식을 제거합니다.

www.edusd.co.kr ▷ **www.edusd.co.kr**

잠깐 `Delete` 키를 눌러도 셀의 내용이 삭제됩니다. 그러나 서식이 적용된 셀이라면 내용은 지워져도 셀의 서식은 유지됩니다.

▶ 데이터 자동으로 채우기 : 사용자 지정 목록으로 채우기

01 [A2] 셀을 클릭하여 '월요일'이라고 입력한 후 [A2] 셀의 ■(채우기 핸들)을 [G2] 셀까지 드래그합니다.

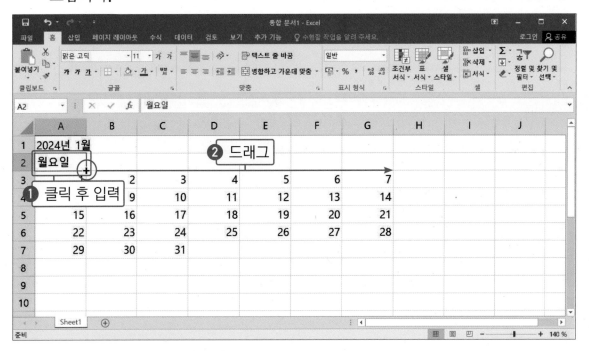

02 요일이 변경되어 채워진 것을 확인할 수 있습니다.

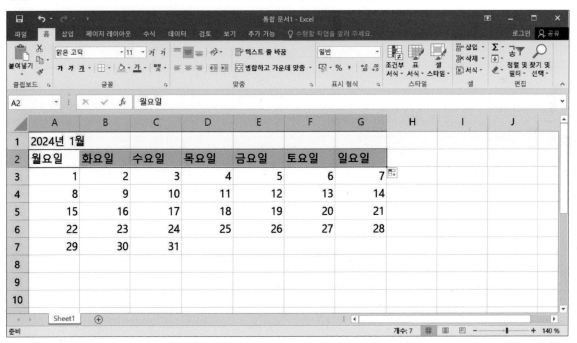

 요일은 사용자 지정 목록에 이미 등록되어 있는 항목이므로, 자동 채우기를 하면 순차적으로 요일 데이터가 나타납니다. Ctrl 키를 누른 채 자동 채우기를 실행하면 같은 데이터가 반복하여 나타납니다.

▶ 행 높이와 열 너비 조절하기

01 3행부터 7행까지의 머리글을 드래그하여 선택합니다. [홈] 탭-[셀] 그룹-[서식]을 클릭한 후 [행 높이]를 선택합니다. [행 높이] 대화상자가 나타나면 '25'를 입력한 후 [확인] 버튼을 클릭합니다.

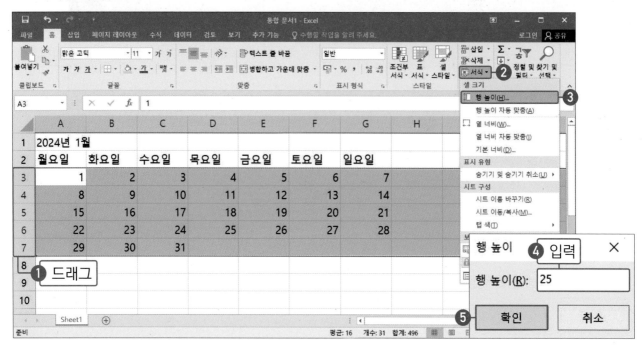

 잠깐 머리글을 선택하고 마우스 오른쪽 버튼을 클릭하면 나타나는 바로 가기 메뉴에서 [행 높이]를 선택해도 됩니다.

02 행의 높이가 높아진 것을 확인할 수 있습니다.

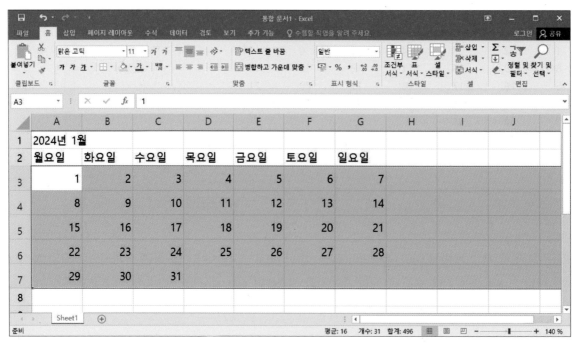

03 A열부터 G열까지의 머리글을 드래그하여 선택합니다. [홈] 탭-[셀] 그룹-[서식]을 클릭한 후 [열 너비]를 선택합니다. [열 너비] 대화상자가 나타나면 '11'을 입력한 후 [확인] 버튼을 클릭합니다.

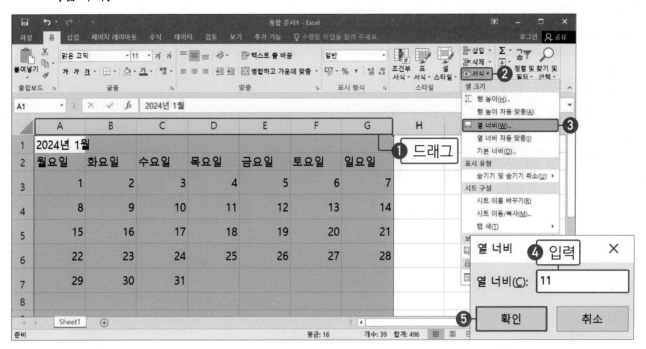

 머리글을 선택한 후 마우스 오른쪽 버튼을 클릭하여 나타나는 바로 가기 메뉴에서 [열 너비]를 선택해도 됩니다.

04 열의 너비가 넓어진 것을 확인할 수 있습니다.

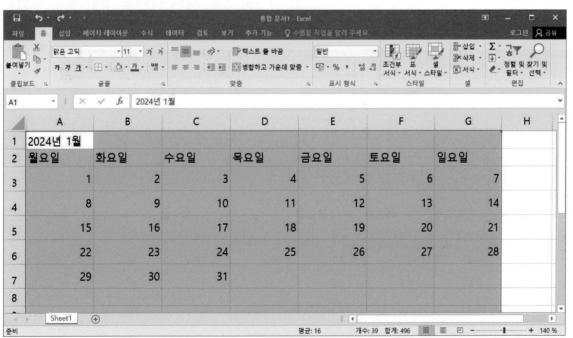

▶ 행 삽입하기

01 1행의 머리글을 클릭하여 선택한 후 [홈] 탭-[셀] 그룹에서 [삽입(📋 삽입 ▾)]의 아이콘(📋)을 클릭합니다.

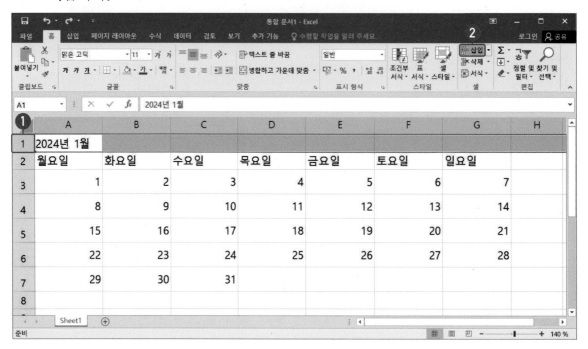

머리글을 선택한 후 마우스 오른쪽 버튼을 클릭하여 나타나는 바로 가기 메뉴에서 [삽입]을 선택해도 됩니다.

02 새로운 1행이 생성되어 기존에 입력되어 있던 데이터가 한 행씩 아래로 밀린 것을 확인할 수 있습니다.

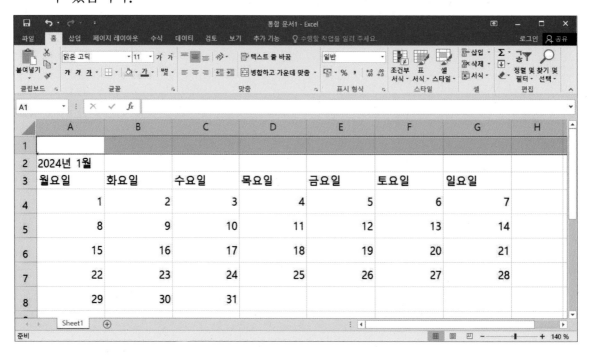

▶ 병합하고 가운데 맞춤하기

01 [A1] 셀부터 [G2] 셀까지 드래그하여 [A1:G2] 영역을 선택합니다.

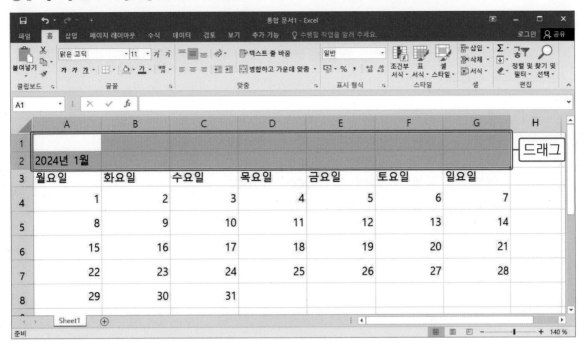

02 [홈] 탭-[맞춤] 그룹-[병합하고 가운데 맞춤]을 클릭합니다. 셀이 병합되고 글자가 가운데
정렬된 것을 확인할 수 있습니다.

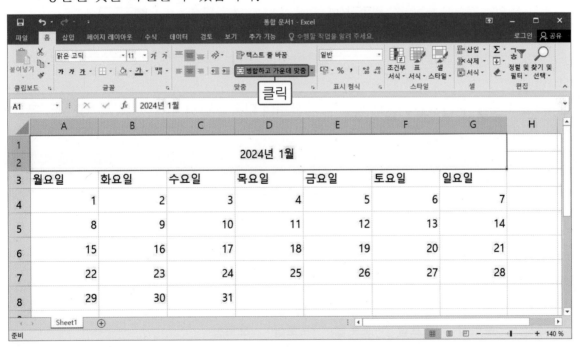

> 💡 잠깐
> 병합한 셀을 다시 원래대로 분리하려면 [병합하고 가운데 맞춤]을 다시 클릭합니다.

03 빠른 실행 도구 모음의 🖬(저장)을 클릭하여 파일 이름을 '달력'으로 저장합니다.

01 새 통합 문서를 생성한 후 다음처럼 데이터를 입력해 봅니다.

	A	B	C	D	E	F	G	H
1	정보화 교육 시간표							
2								
3		월	화	수	목	금	토	일
4	1교시	엑셀	엑셀	PPT	UCC	UCC	공강	
5	2교시	엑셀	엑셀	PPT	UCC	UCC		
6	3교시	엑셀	엑셀	PPT	UCC	UCC		
7	4교시	공강	공강	공강	공강	공강		
8	5교시	포토샵	포토샵	포토샵	포토샵	포토샵		
9	6교시	포토샵	포토샵	포토샵	포토샵	포토샵		
10								

- [A4:A9], [B3:H3] 영역은 자동 채우기 기능을 활용하면 좀 더 간편하게 입력할 수 있습니다.
- 엑셀은 문자 데이터를 입력할 때 셀 내용을 자동 완성하는 기능을 지원합니다. 입력한 글자의 뒷부분이 기존에 입력된 내용으로 자동 표시되는 경우, 입력하고자 하는 글자와 동일하면 바로 Enter 키를 누르고, 그렇지 않다면 무시하고 입력하면 됩니다.

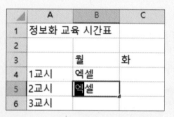

02 문제 **01**의 파일을 '병합하고 가운데 맞춤'을 활용하여 다음과 같이 수정한 후 '시간표.xlsx'로 저장해 봅니다.

	A	B	C	D	E	F	G	H
1				정보화 교육 시간표				
2								
3		월	화	수	목	금	토	일
4	1교시	엑셀	엑셀	PPT	UCC	UCC		
5	2교시	엑셀	엑셀	PPT	UCC	UCC		
6	3교시	엑셀	엑셀	PPT	UCC	UCC	공강	
7	4교시	공강	공강	공강	공강	공강		
8	5교시	포토샵	포토샵	포토샵	포토샵	포토샵		
9	6교시	포토샵	포토샵	포토샵	포토샵	포토샵		
10								

[A1:H2] 영역 드래그 → Ctrl 키를 누른 채 [G4:H9] 영역 드래그 → [홈] 탭–[맞춤] 그룹–[병합하고 가운데 맞춤] 클릭

03 새 통합 문서를 생성한 후 다음처럼 데이터를 입력해 봅니다.

	A	B	C	D	E	F	G	H
1	2024년 8월							
2	월요일	화요일	수요일	목요일	금요일	토요일	일요일	
3				1	2	3	4	
4	5	6	7	8	9	10	11	
5	12	13	14	15	16	17	18	
6	19	20	21	22	23	24	25	
7	26	27	28	29	30	31		
8								

04 문제 **03**의 파일을 다음과 같이 수정한 후 '8월 달력.xlsx'로 저장해 봅니다.

- [A1:G1] **영역** : '병합하고 가운데 맞춤' 설정
- A열~G열의 **열 너비** : 10
- 1행~7행의 **행 높이** : 30

	A	B	C	D	E	F	G	H	I	J	K
1				2024년 8월							
2	월요일	화요일	수요일	목요일	금요일	토요일	일요일				
3				1	2	3	4				
4	5	6	7	8	9	10	11				
5	12	13	14	15	16	17	18				
6	19	20	21	22	23	24	25				
7	26	27	28	29	30	31					

Sheet1 ⊕

04 현황표 만들기

미 · 리 · 보 · 기

📁 완성파일 : 카페매출(완성).xlsx

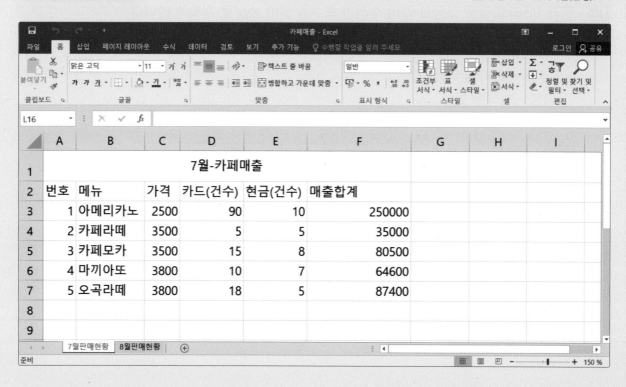

이번 장에서는 월별 매출 현황표를 통해 워크시트의 삽입, 삭제, 이름 변경, 복사본 만들기 등 전체적으로 시트를 관리하는 방법을 알아보고, 간단하게 수식 자동 채우기에 대하여 살펴보겠습니다.

워크시트 다루기

▶ 워크시트 생성하기

⊕(새 시트)를 클릭하면 선택된 시트 뒤에 새로운 시트가 추가됩니다.

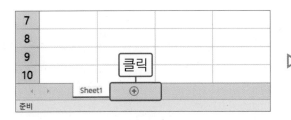 ▷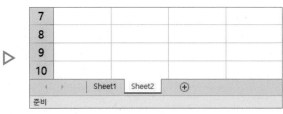

▶ 워크시트 삭제하기

시트 탭에서 시트를 선택한 후 마우스 오른쪽 버튼을 클릭하여 나타나는 바로 가기 메뉴에서 [삭제]를 선택합니다.

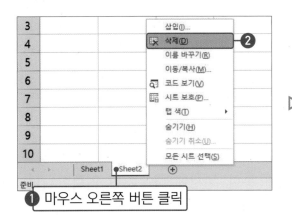 ▷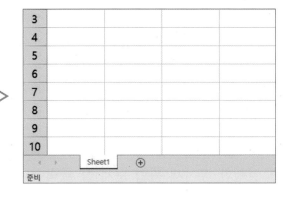

▶ 워크시트 이름 변경하기

시트 탭에서 시트의 이름 부분을 더블 클릭한 후 수정하거나, 시트를 선택한 후 마우스 오른쪽 버튼을 클릭하여 나타나는 바로 가기 메뉴에서 [이름 바꾸기]를 선택해 수정합니다.

 ▷ 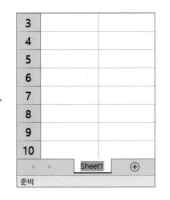 ▷

▶ 워크시트 이동 및 복사하기

• 시트 탭에서 시트를 드래그하여 이동합니다. 이때 Ctrl 키를 누른 상태로 이동하면 시트가 복사됩니다.

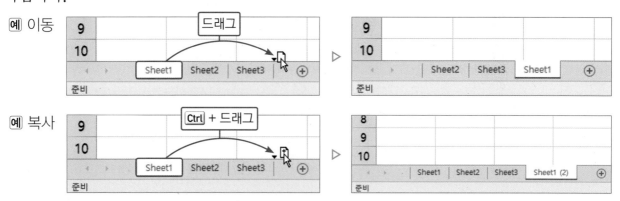

• 시트 탭에서 시트를 선택한 후 마우스 오른쪽 버튼으로 클릭하여 나타나는 바로 가기 메뉴에서 [이동/복사]를 선택해 작업할 수도 있습니다. [이동/복사] 대화상자가 나타나면 원하는 위치를 설정하고 이동할지 또는 복사할지를 선택합니다.

02 월별 매출 현황표 만들기

▶ 데이터 입력하기

01 엑셀을 실행한 후 [새 통합 문서]를 클릭합니다. 새 통합 문서에 다음처럼 **입력**합니다. [A1:F1] 영역은 [홈] 탭-[맞춤] 그룹-[병합하고 가운데 맞춤]을 클릭합니다.

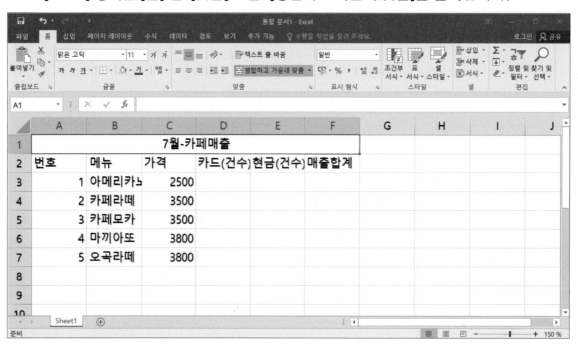

02 A열부터 F열까지 머리글을 드래그하여 선택합니다. F열의 머리글과 G열의 머리글 경계로 마우스 포인터를 이동한 후, 마우스 포인터의 모습이 ✛로 변경되면 더블 클릭합니다.

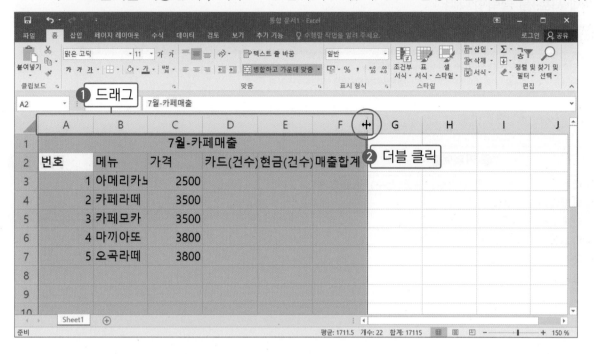

03 셀의 너비가 데이터 글자 수에 맞게 조정된 것을 확인할 수 있습니다.

04 마우스 포인터를 1행의 머리글과 2행의 머리글 경계로 이동한 후 마우스 포인터의 모습이 ✛로 변경되면 아래로 드래그하여 1행의 높이를 늘입니다.

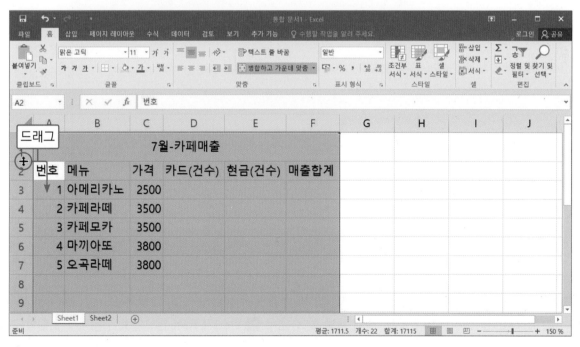

05 [A1] 셀을 클릭해 범위 지정을 해제합니다.

▶ 워크시트 삽입하기

01 ⊕(새 시트)를 클릭합니다.

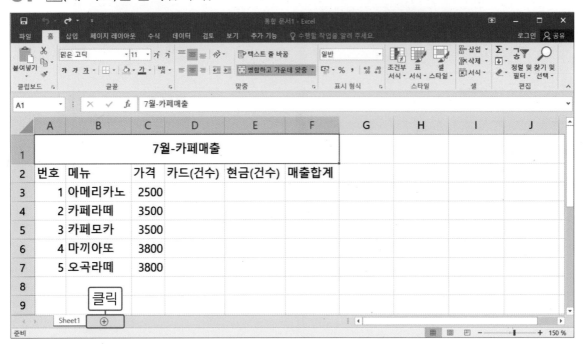

02 시트 탭에 'Sheet2'가 생성된 것을 확인할 수 있습니다.

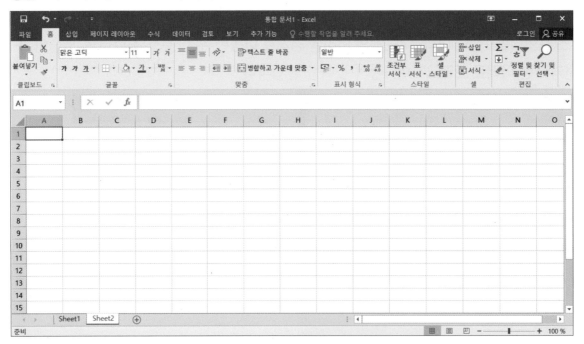

워크시트의 삽입, 삭제, 이름 변경, 이동, 복사, 탭 색 변경 등은 [홈] 탭-[셀] 그룹에서도 설정할 수 있습니다. 워크시트를 생성하거나 복사, 삭제 등을 하는 경우 ↩(취소)가 되지 않으므로 주의해서 실행합니다.

▶ 워크시트 삭제하기

01 시트 탭의 'Sheet2'를 마우스 오른쪽 버튼으로 클릭한 후 바로 가기 메뉴가 나타나면 [삭제] 를 선택합니다.

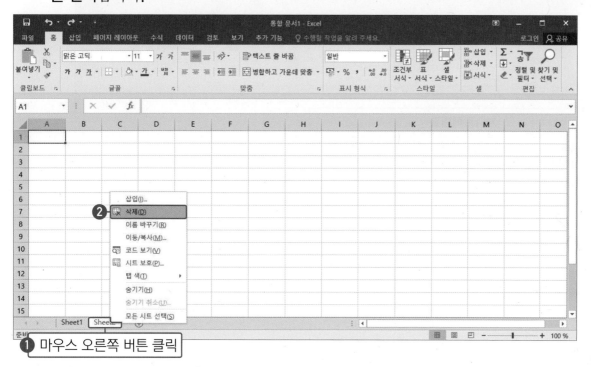

02 'Sheet2'가 삭제된 것을 확인할 수 있습니다.

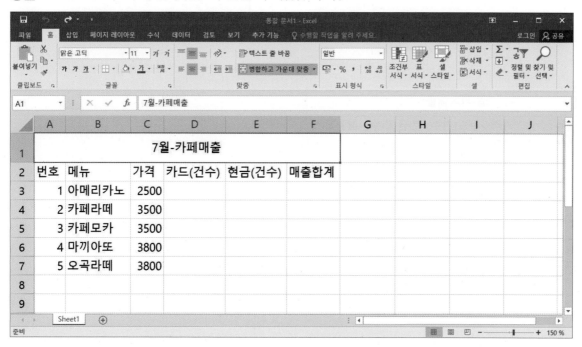

▶ 워크시트 이름 변경하기

01 시트 탭의 'Sheet1'을 더블 클릭합니다.

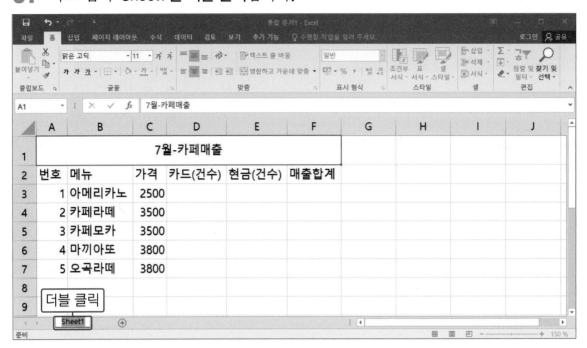

02 '7월판매현황'이라고 입력한 후 Enter 키를 누릅니다.

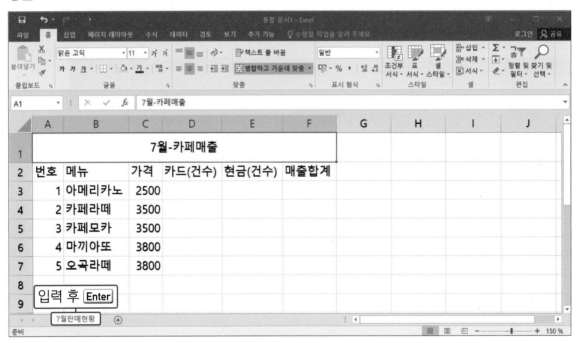

▶ 워크시트 복사본 만들기

01 시트 탭의 '7월판매현황'을 마우스 오른쪽 버튼으로 클릭한 후 바로 가기 메뉴가 나타나면 [이동/복사]를 선택합니다. [이동/복사] 대화상자가 나타나면 '(끝으로 이동)'을 선택한 후 '복사본 만들기'를 체크하고, [확인] 버튼을 클릭합니다.

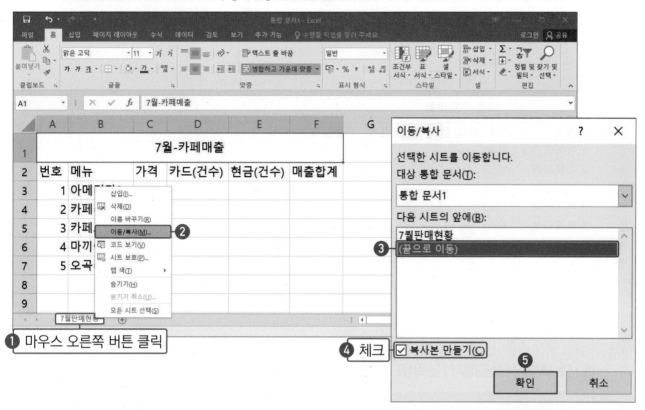

02 '7월판매현황' 시트가 복제되어 '7월판매현황 (2)' 시트가 생성된 것을 확인할 수 있습니다.

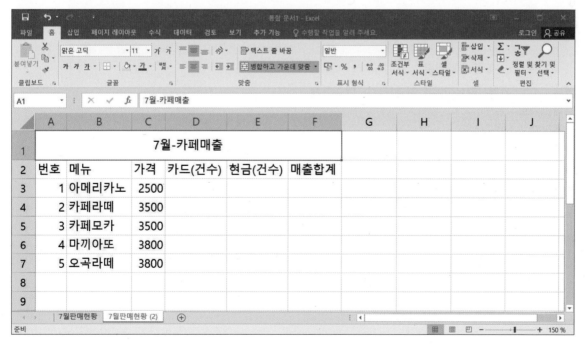

03 시트 탭의 '7월판매현황 (2)' 시트를 더블 클릭하여 수정 상태로 만들고, '8월판매현황'이라고 입력한 후 Enter 키를 누릅니다. [A1] 셀을 더블 클릭한 후 입력된 내용 중 '7'을 '8'로 수정합니다.

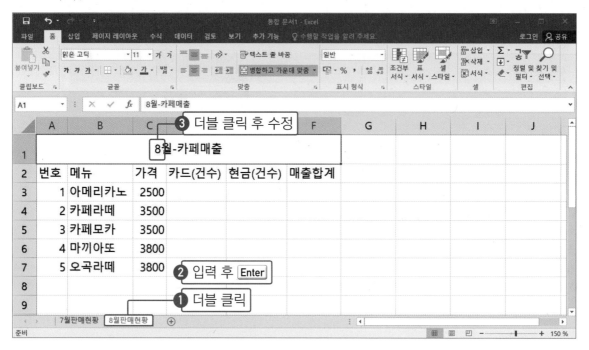

04 시트 탭의 '8월판매현황' 시트를 마우스 오른쪽 버튼으로 클릭한 후 바로 가기 메뉴가 나타나면 [탭 색]의 색상표에서 [노랑]을 선택합니다. '8월판매현황' 시트 탭의 색상이 변경됩니다.

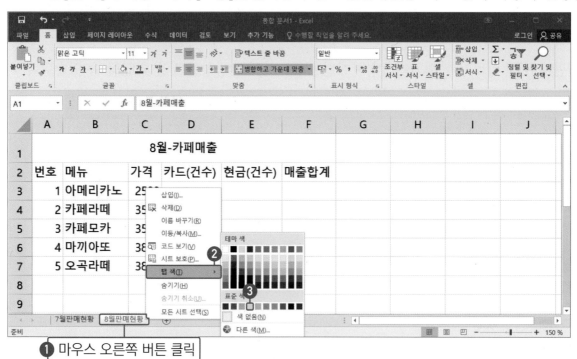

▶ 워크시트 숨기기/숨기기 취소하기

01 시트 탭의 '8월판매현황' 시트를 마우스 오른쪽 버튼으로 클릭한 후 바로 가기 메뉴가 나타나면 [숨기기]를 선택합니다.

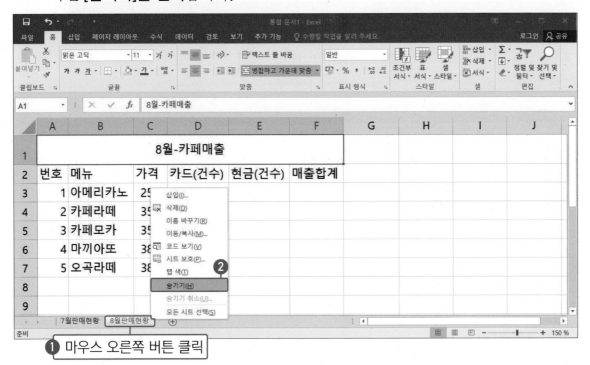

02 '8월판매현황' 시트가 숨겨진 것을 확인할 수 있습니다.

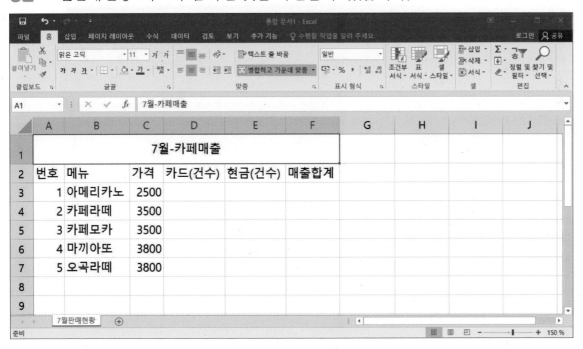

03 시트 탭의 '7월판매현황' 시트를 마우스 오른쪽 버튼으로 클릭한 후 바로 가기 메뉴가 나타 나면 [숨기기 취소]를 선택합니다. [숨기기 취소] 대화상자가 나타나면 [확인] 버튼을 클릭 합니다.

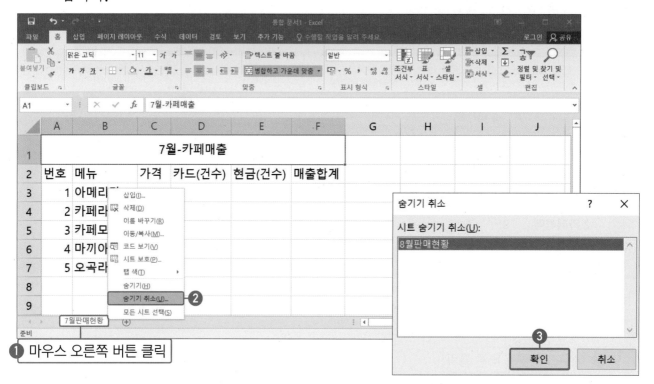

04 숨겨졌던 '8월판매현황' 시트가 다시 나타납니다.

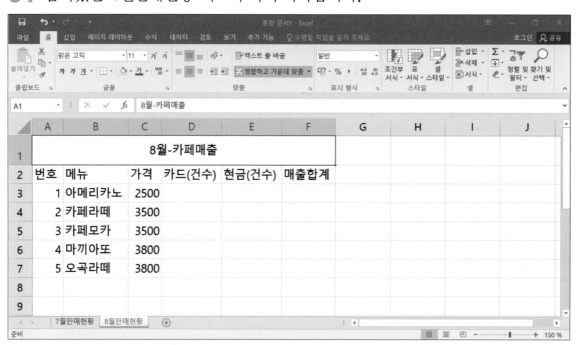

▶ 수식 자동 채우기

01 시트 탭의 '7월판매현황' 시트를 클릭한 후 [D3:E7] 영역을 드래그하여 범위로 지정합니다. 데이터를 입력한 후 Enter 키를 눌러 선택한 셀을 변경하며 다음처럼 데이터를 입력합니다.

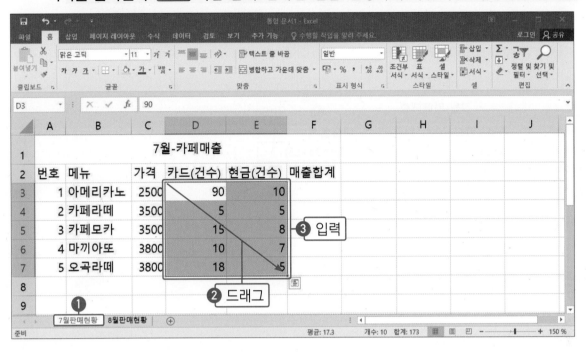

 셀 범위를 지정하고 데이터를 입력하는 경우 다음 열로 이동 시 Enter 키를 누르면 바로 이동되어 편리합니다. 실습 예제의 경우 [D3:E7] 영역의 첫 번째 셀인 [D3] 셀부터 입력을 시작해서 [D7] 셀에서 Enter 키를 누르면 다음 열의 시작 셀인 [E3] 셀로 이동됩니다.

02 F열을 클릭한 후 F열의 머리글과 G열의 머리글 경계를 드래그하여 F열의 너비를 넓힙니다.

03 [F3] 셀을 클릭한 후 '='를 입력합니다. [C3] 셀을 클릭한 후 '*('를 입력합니다. [D3] 셀을 클릭한 후 '+'를 입력합니다. [E3] 셀을 클릭한 후 ')'를 입력하고 Enter 키를 누릅니다.

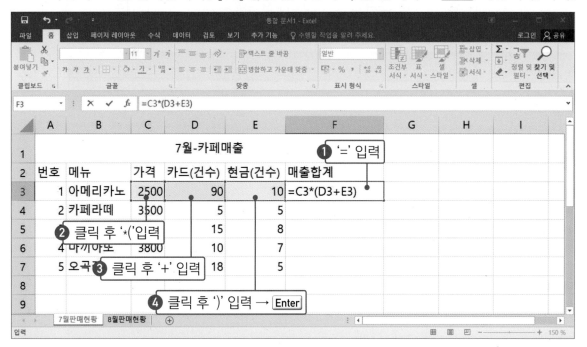

> 💡 **잠깐**
>
> '매출합계'를 계산하기 위해서 '=가격×(카드+현금)'으로 수식을 작성합니다. '=C3*(D3+E3)'를 직접 키보드로 입력해도 되지만, 해당 셀 주소를 클릭하여 수식을 작성하는 것이 좀 더 편리하고 오류를 방지할 수 있습니다.

연산자	의미
+	더하기
−	빼기
*	곱하기
/	나누기

04 [F3] 셀에 자동으로 계산된 결과 값이 표시됩니다. [F3] 셀을 클릭한 후 [F3] 셀의 ■(채우기 핸들)을 [F7] 셀까지 드래그합니다.

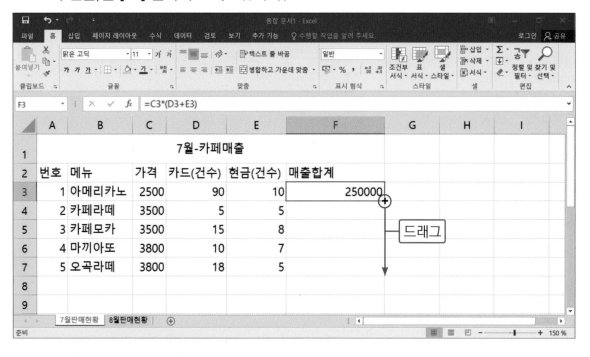

05 자동으로 셀의 내용이 채워집니다.

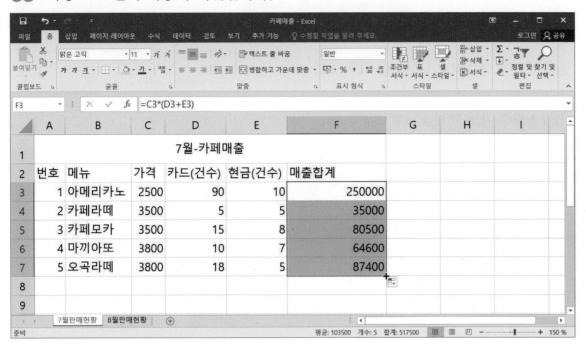

06 [F4] 셀을 클릭하여 수식 입력줄을 살펴보면 행 번호가 변경되어 수식이 입력된 것을 확인할 수 있습니다.

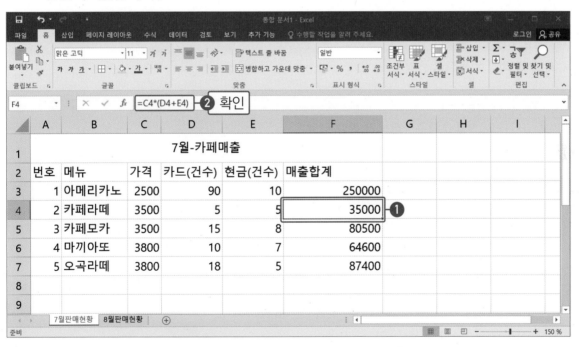

💡 **잠깐** 수식에 관한 상세한 사항은 '06장. 명세서 만들기-2'에서 학습합니다.

07 빠른 실행 도구 모음의 🔒(저장)을 클릭하여 파일 이름을 '**카페매출**'로 저장합니다.

01 새 통합 문서를 생성한 후 다음처럼 입력해 봅니다.

	A	B	C	D	E	F	G	H	I
1	9월 첫째주 - 장보기 예상 내역								
2	번호	상품명	단가	수량	금액				
3	1	소고기	25000	1					
4	2	우유	24000	2					
5	3	골드키위	1000	8					
6	4	바나나	6000	2					
7	5	두부	1500	2					
8	6	시금치	4500	1					
9									
10									

Sheet1 ⊕   준비   150 %

02 문제 **01**의 파일을 다음과 같이 수정해 봅니다.

- **[A1:E1] 영역** : '병합하고 가운데 맞춤' 설정
- **E열의 열 너비** : 15
- **시트의 이름** : '9월 첫째 주'로 변경
- **시트 탭 색** : '녹색'으로 변경

	A	B	C	D	E	F	G	H
1			9월 첫째주 - 장보기 예상 내역					
2	번호	상품명	단가	수량	금액			
3	1	소고기	25000	1				
4	2	우유	24000	2				
5	3	골드키위	1000	8				
6	4	바나나	6000	2				
7	5	두부	1500	2				
8	6	시금치	4500	1				
9								
10								

9월 첫째 주 ⊕   준비   150 %

03 문제 **02**의 파일에서 [E3] 셀에 '수량×단가'의 수식을 작성하고 [E8] 셀까지 자동 채우기를 해봅니다.

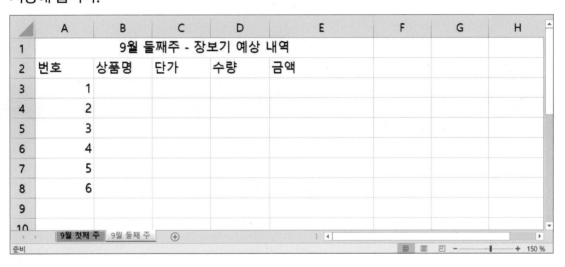

	A	B	C	D	E	F	G	H
1		9월 첫째주 - 장보기 예상 내역						
2	번호	상품명	단가	수량	금액			
3	1	소고기	25000	1	25000			
4	2	우유	24000	2	48000			
5	3	골드키위	1000	8	8000			
6	4	바나나	6000	2	12000			
7	5	두부	1500	2	3000			
8	6	시금치	4500	1	4500			
9								
10								

9월 첫째 주

'50 개수: 6 합계: 100500 150 %

힌트

[E3] 셀의 수식 = C3*D3

04 문제 **03**의 파일에서 '9월 첫째 주' 시트를 복사하여 다음과 같이 수정한 후 '장보기.xlsx'로 저장해 봅니다.

	A	B	C	D	E	F	G	H
1		9월 둘째주 - 장보기 예상 내역						
2	번호	상품명	단가	수량	금액			
3	1							
4	2							
5	3							
6	4							
7	5							
8	6							
9								
10								

9월 첫째 주 9월 둘째 주

준비 150 %

힌트

'9월 첫째 주' 시트를 Ctrl 키를 누른 채 드래그 → 복사된 시트를 더블 클릭하여 '9월 둘째 주'로 수정 → '9월 둘째 주' 시트를 마우스 오른쪽 버튼으로 클릭한 후 [탭 색]에서 색 (주황) 변경 → [A1] 셀 클릭한 후 수정 → [B3:E8] 영역 선택 후 Delete

05 명세서 만들기-1

- 테두리 지정
- 글꼴 및 맞춤 서식
- 인쇄 영역 설정
- 머리글/바닥글
- 페이지 번호 삽입
- 인쇄

미·리·보·기

 완성파일 : 비품 명세서(완성).xlsx

비 품 명 세 서	담당	과장	부장	사장

품명	규격	수량	장부가액	비고

1

이번 장에서는 비품 명세서를 만들어 보며 셀에 서식을 지정하는 방법과 표시 형식을 변경하는 방법, 인쇄하는 방법에 대하여 알아보겠습니다.

▶ [홈] 탭의 [글꼴] 그룹 살펴보기

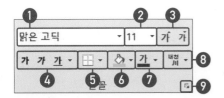

❶ 글꼴 : 입력 상자에 글꼴 이름을 입력하거나 ▾를 클릭하여 목록에서 글꼴을 선택합니다.

❷ 글꼴 크기 : 입력 상자에 글꼴 크기를 입력하거나 ▾를 클릭하여 목록에서 글꼴 크기를 선택합니다.

❸ 글꼴 크기 크게 / 글꼴 크기 작게 : 텍스트 크기를 한 단계 크게 또는 작게 조정합니다.

❹ 굵게, 기울임꼴, 밑줄을 적용합니다.

❺ 테두리 : 선택한 셀에 테두리를 적용합니다.

❻ 채우기 색 : 셀의 배경에 적용할 색상을 선택합니다.

❼ 글꼴 색 : 텍스트의 색상을 선택합니다.

❽ 윗주 필드 표시/숨기기 : 선택한 셀의 텍스트에 보충 글을 삽입합니다.

❾ [셀 서식] 대화상자에서 글꼴 관련 서식을 변경할 수 있습니다.

▶ [홈] 탭의 [맞춤] 그룹 살펴보기

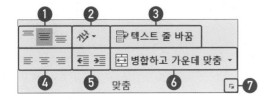

❶ 위쪽 맞춤, 가운데 맞춤, 아래쪽 맞춤을 적용합니다.

❷ 방향 : 텍스트의 방향을 설정합니다.

❸ 텍스트 줄 바꿈 : 텍스트가 셀의 너비보다 길면 자동으로 다음 줄을 생성해 표시합니다.

❹ 왼쪽 맞춤, 가운데 맞춤, 오른쪽 맞춤을 적용합니다.

❺ 내어쓰기 / 들여쓰기 : 텍스트를 왼쪽으로 내어 쓰거나 오른쪽으로 들여 씁니다.

❻ 병합하고 가운데 맞춤 : 여러 셀을 병합하고 데이터를 가운데 맞춤합니다.

❼ [셀 서식] 대화상자에서 맞춤 관련 설정을 변경할 수 있습니다.

▶ [셀 서식] 대화상자 살펴보기 : Ctrl + 1

'셀 서식'은 데이터의 값은 실제로 변하지 않고, 보이는 형식을 변경하는 기능입니다. 셀에 입력한 데이터를 삭제해도 셀에 지정한 표시 형식은 남아 있을 수 있으므로, 표시 형식을 포함하여 완전히 지우려면 [홈] 탭-[편집] 그룹-[지우기(　)]에서 [모두 지우기]를 선택합니다.

① [표시 형식] 탭 : 숫자, 통화, 회계, 날짜, 시간 등의 표시 형식을 지정합니다.

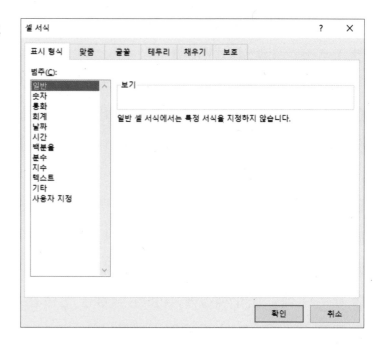

② [맞춤] 탭 : 텍스트의 가로 또는 세로 맞춤, 들여쓰기, 방향 등을 지정합니다.

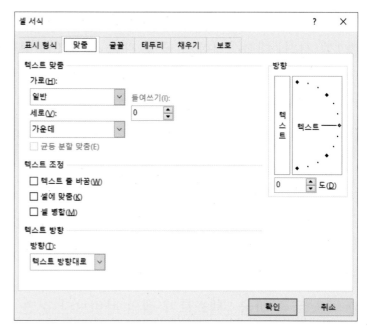

❸ [글꼴] 탭 : 글꼴, 스타일, 크기, 색, 효과 등을 지정합니다.

❹ [테두리] 탭 : 선택한 셀의 테두리를 지정합니다.

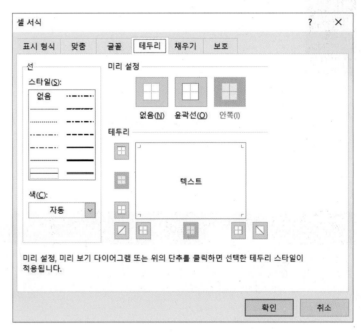

❺ [채우기] 탭 : 선택한 셀에 색을 지정하거나 무늬와 무늬 스타일을 지정합니다.

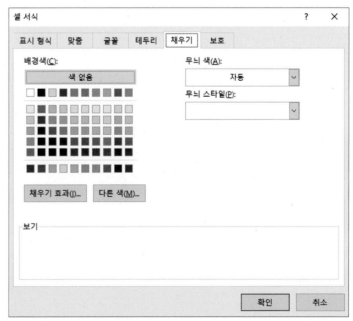

▶ [인쇄] 화면 살펴보기 : Ctrl + P

[파일] 탭-[인쇄]에서 [설정] 항목과 [페이지 설정]을 클릭하여 옵션을 설정한 후, 인쇄 미리 보기에서 내용을 확인하고 [인쇄] 버튼을 클릭하여 인쇄할 수 있습니다.

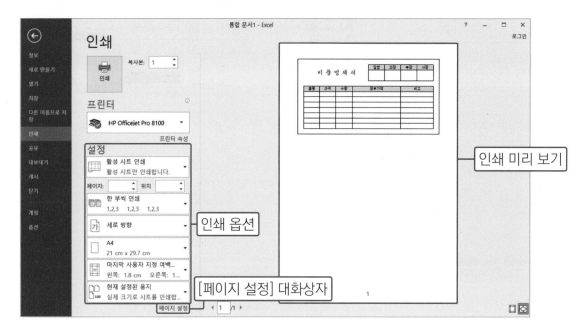

▶ [페이지 설정] 대화상자 살펴보기

[페이지 레이아웃] 탭에서 [페이지 설정] 그룹이나 [크기 조정] 그룹, [시트 옵션] 그룹의 🖪을 클릭하여 [페이지 설정] 대화상자를 불러올 수도 있습니다.

① [페이지] 탭 : 용지 방향, 배율, 용지 크기, 인쇄 품질, 시작 페이지 번호를 설정합니다.

② [여백] 탭 : 위쪽, 아래쪽, 왼쪽, 오른쪽 및 머리글과 바닥글의 여백을 지정하고, [페이지 가운데 맞춤]의 기준을 설정합니다.

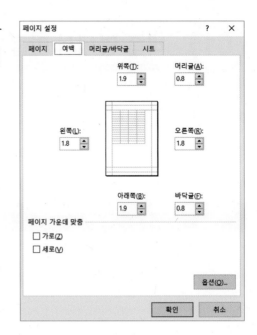

③ [머리글/바닥글] 탭 : [머리글 편집] 버튼이나 [바닥글 편집] 버튼을 클릭하면 나타나는 대화상자에서 페이지 번호, 전체 페이지 수, 날짜, 시간, 파일 경로, 파일 이름, 시트 이름, 그림 등을 삽입합니다.

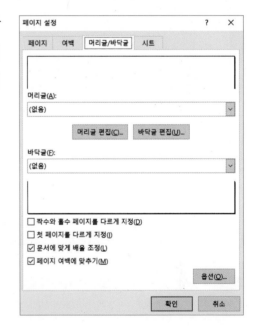

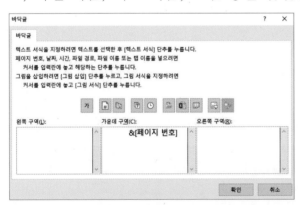

④ [시트] 탭 : [인쇄 영역]을 지정하여 특정 영역만 인쇄할 수 있고, [반복할 행]이나 [반복할 열]을 지정할 수도 있습니다. [인쇄]에서는 눈금선이나 메모, 셀 오류, 행/열 머리글 표시 유무를 설정할 수 있고, 흑백으로 인쇄할 것인지, 간단하게 인쇄(서식 없이 인쇄)할 것인지도 지정할 수 있습니다. [페이지 순서]에서는 행을 우선으로 할 것인지 또는 열을 우선으로 할 것인지 그 순서를 설정합니다.

▶ 바깥 테두리 지정하기

01 엑셀을 실행한 후 [새 통합 문서]를 클릭합니다. 새 통합 문서의 [B2:K15] 영역을 드래그하여 선택합니다.

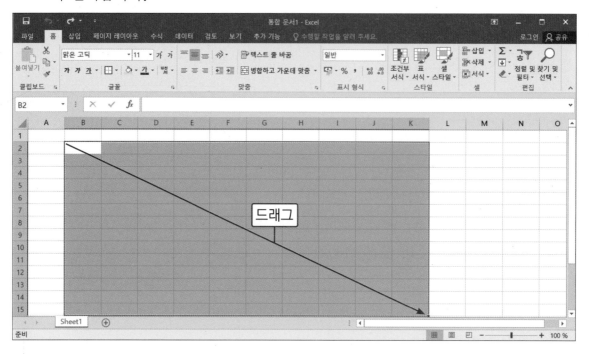

02 [홈] 탭-[글꼴] 그룹에서 [테두리(⊞ ▾)]의 ▾를 클릭한 후 [굵은 바깥쪽 테두리]를 선택합니다.

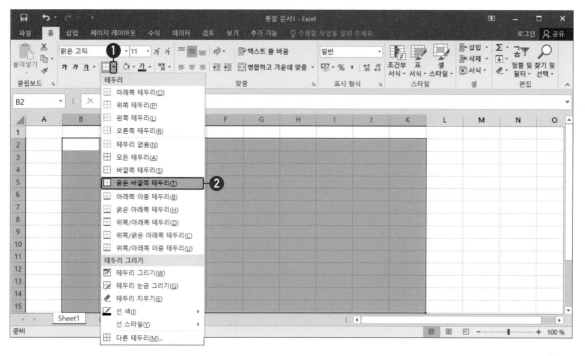

▶ 셀 병합과 글꼴 서식 지정하기

01 '굵은 바깥쪽 테두리'가 그려진 것을 확인할 수 있습니다. 이번에는 [C3:F5] 영역을 드래그
하여 선택합니다.

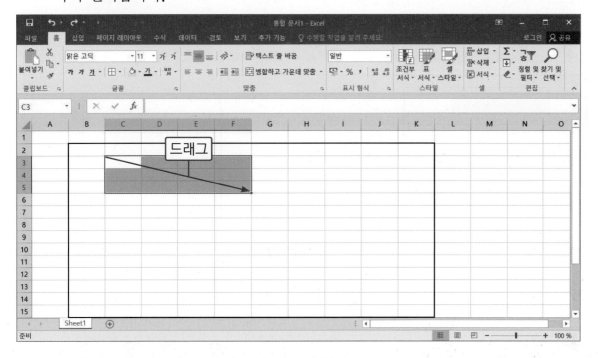

02 [홈] 탭-[맞춤] 그룹-[병합하고 가운데 맞춤]을 클릭하여 선택한 셀 범위를 하나의 셀로 합
칩니다.

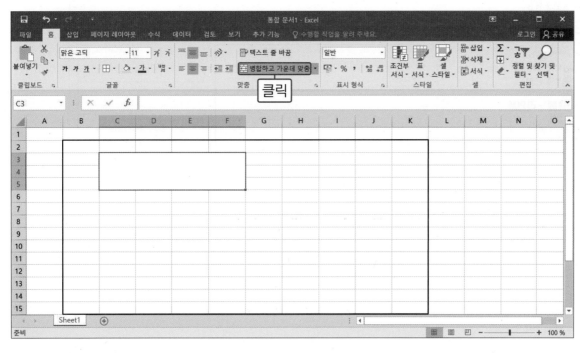

 여러 셀을 병합하는 경우 병합된 셀의 주소는 선택된 셀 범위의 맨 왼쪽, 맨 위의 셀 주소를 가집니다.
실습 예제의 경우 병합된 셀의 주소는 'C3'입니다.

03 [C3] 셀에 '비 품 명 세 서'라고 입력한 후 드래그하여 블록으로 지정합니다.

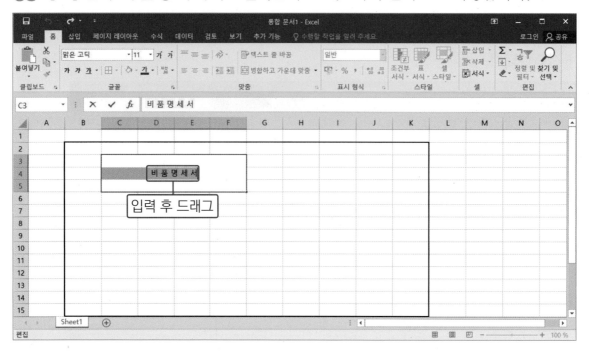

04 [홈] 탭-[글꼴] 그룹에서 [글꼴(맑은 고딕 ▾)]의 ▾를 클릭한 후 [궁서]를 선택합니다.

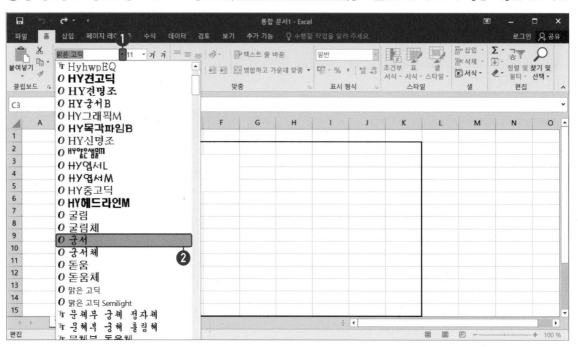

05 [홈] 탭-[글꼴] 그룹에서 [글꼴 크기(11 ▾)]의 ▾를 클릭한 후 [20]을 선택합니다.

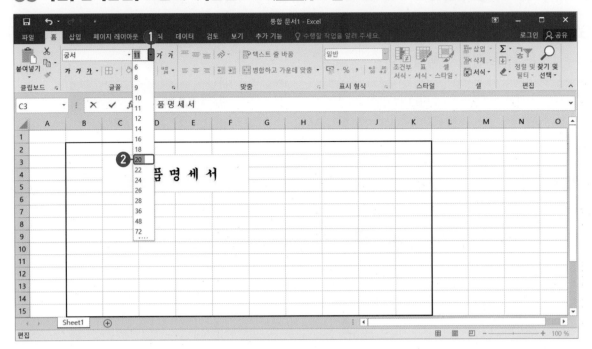

06 [홈] 탭-[글꼴] 그룹에서 [글꼴 색(가 ▾)]의 ▾를 클릭한 후 [파랑]을 선택합니다.

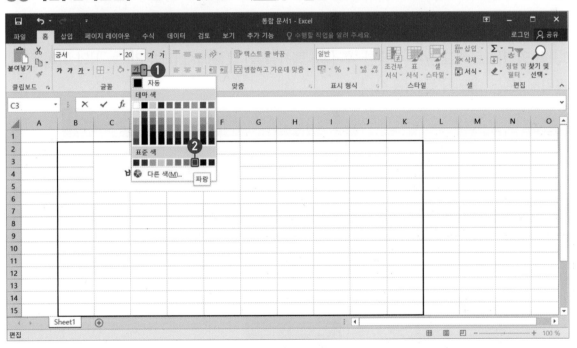

▸ 모든 테두리 지정하기

01 [G3:J5] 영역을 드래그하여 선택합니다. [홈] 탭-[글꼴] 그룹에서 [테두리(⊞ ▾)]의 ▾를 클릭한 후 [모든 테두리]를 선택합니다.

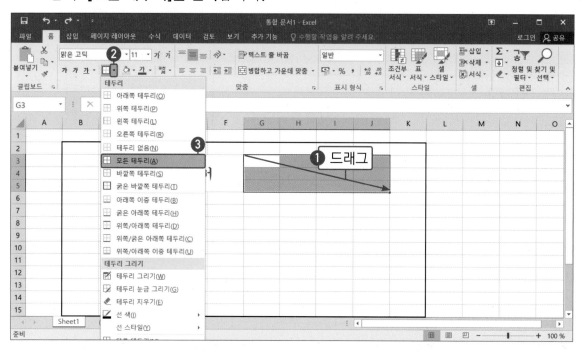

02 [C7:J14] 영역을 드래그하여 선택한 후 [홈] 탭-[글꼴] 그룹에서 [테두리(⊞ ▾)]의 아이콘(⊞)을 클릭해 '모든 테두리'를 적용합니다.

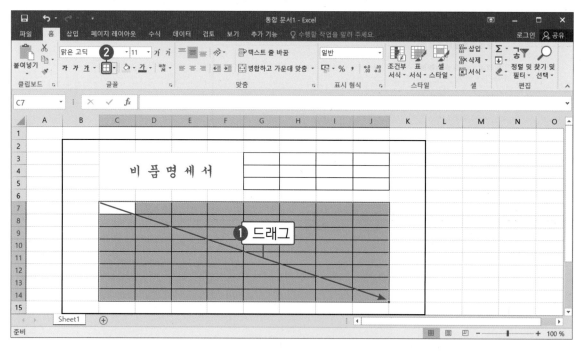

 마지막에 사용한 테두리 모양을 사용할 경우, 테두리 아이콘이 이전 테두리 모양으로 변경되어 있어 ▾를 클릭하여 선택하지 않아도 됩니다.

03 [G3:J3] 영역을 드래그하여 선택한 후, 차례로 '담당', Enter, '과장', Enter, '부장', Enter, '사장', Enter 키를 입력하고 [홈] 탭-[글꼴] 그룹-[가운데 맞춤(≡)]을 클릭합니다.

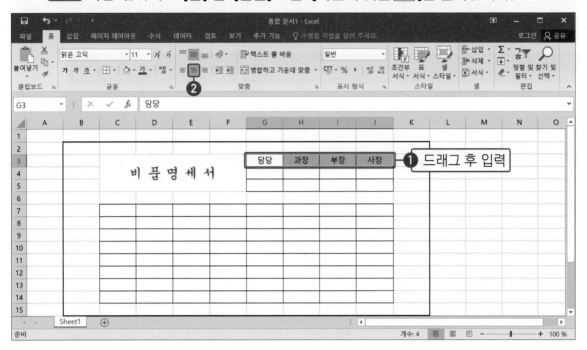

04 [홈] 탭-[글꼴] 그룹에서 [채우기 색(⬛▾)]의 ▾를 클릭하여 [파랑, 강조 5, 80% 더 밝게]를 선택합니다.

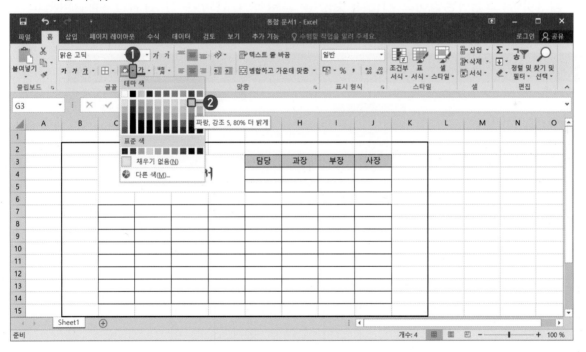

▶ 불연속으로 선택하여 병합하기

01 [G4:G5] 영역을 드래그하여 선택한 후 Ctrl 키를 누른 채 [H4:H5], [I4:I5], [J4:J5] 영역을 각각 드래그하여 선택합니다.

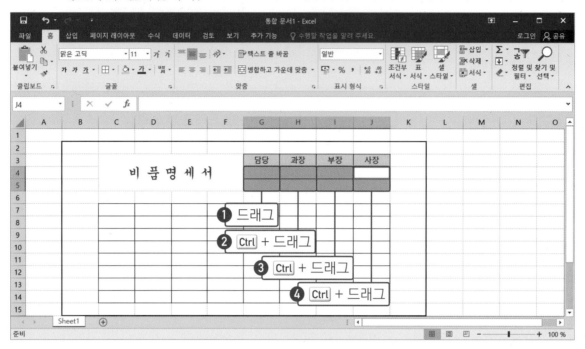

02 [홈] 탭-[맞춤] 그룹-[병합하고 가운데 맞춤]을 클릭하여 선택한 셀 범위를 각각 하나로 합칩니다.

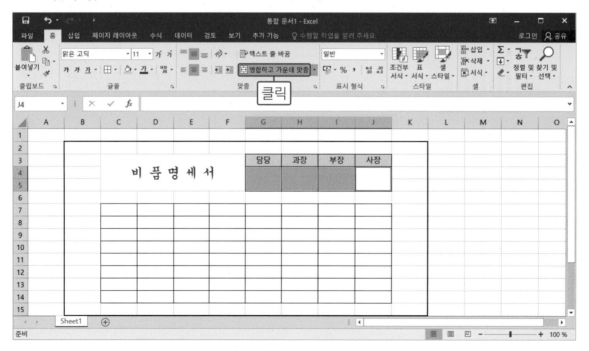

03 [C7:J7] 영역을 드래그하여 선택합니다. [C7:F7] 영역과 [I7] 셀에 다음처럼 **입력**한 후 [홈] 탭-[글꼴] 그룹-[가운데 맞춤(≡)]을 클릭합니다.

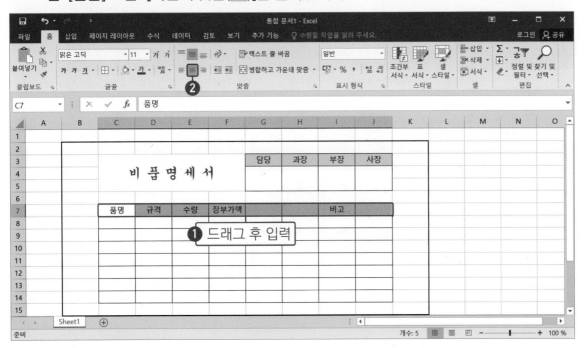

04 [홈] 탭-[글꼴] 그룹에서 [채우기 색(🎨▾)]의 아이콘(🎨)을 클릭하여 '파랑, 강조 5, 80% 더 밝게'를 적용합니다.

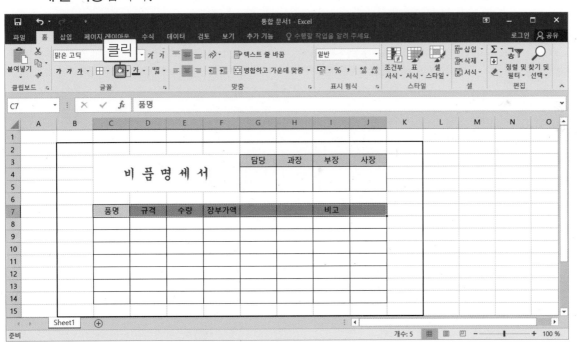

05 [F7:H7] 영역을 드래그하여 선택한 후 Ctrl 키를 누른 채 [I7:J7] 영역을 드래그하여 선택합니다. [홈] 탭-[맞춤] 그룹-[병합하고 가운데 맞춤]을 클릭하여 선택한 셀 범위를 각각 하나로 합칩니다.

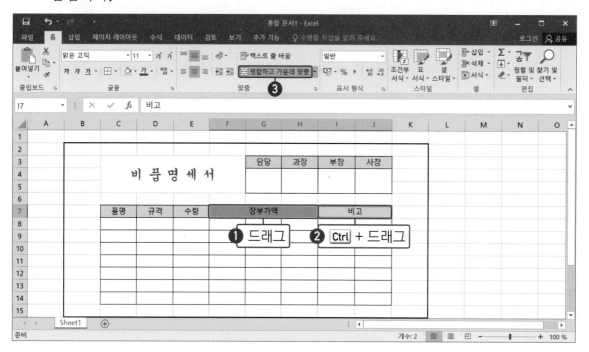

06 같은 방법으로 다음과 같이 각각의 셀 범위를 하나로 합칩니다.

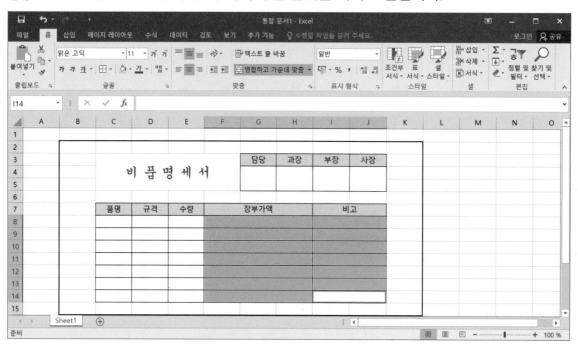

▶ 열 너비 조정하기

01 A열부터 B열까지의 머리글을 드래그하여 선택한 후 [홈] 탭-[셀] 그룹-[서식]에서 [열 너비] 를 선택합니다. [열 너비] 대화상자가 나타나면 '2.5'를 입력한 후 [확인] 버튼을 클릭합니다.

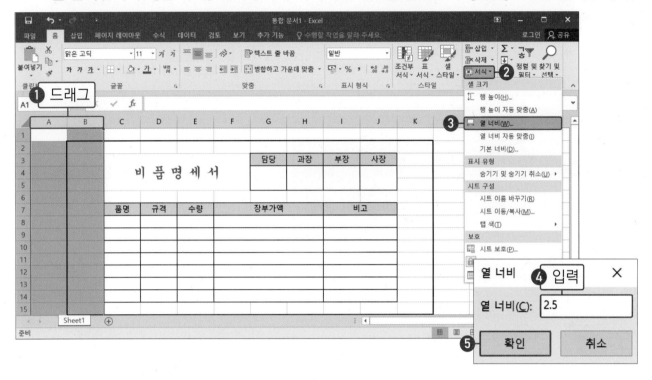

02 K열의 머리글을 클릭한 후 [홈] 탭-[셀] 그룹-[서식]에서 [열 너비]를 선택합니다. [열 너비] 대화상자가 나타나면 '2.5'를 입력한 후 [확인] 버튼을 클릭합니다.

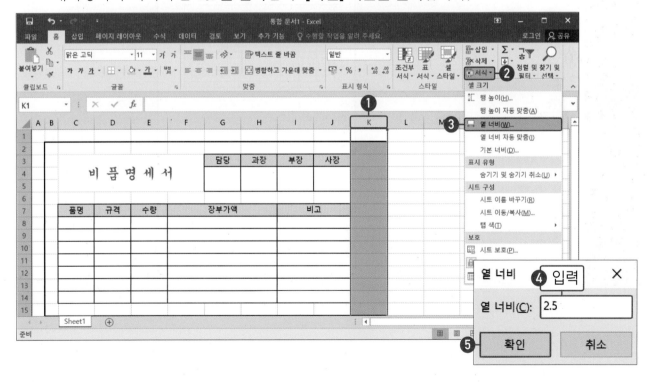

▶ 인쇄하기

01 선택 영역을 지정하여 인쇄하기 위해 [B2:K15] 영역을 드래그하여 선택한 후 [파일] 탭을 클릭합니다.

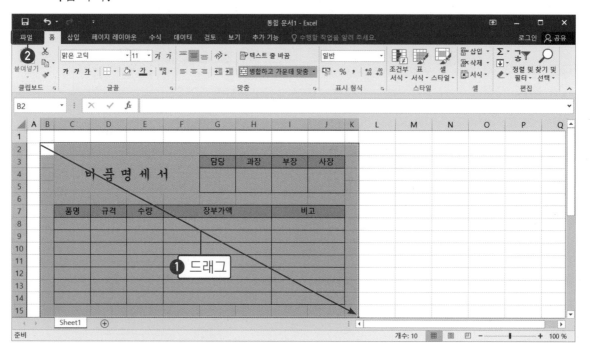

02 [인쇄]를 선택한 후 [설정]에서 '선택 영역 인쇄'로 설정하고, [페이지 설정]을 클릭합니다.

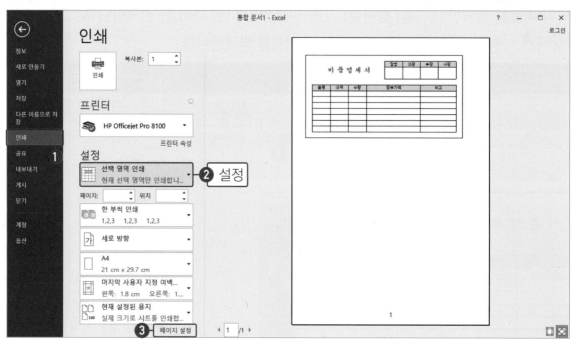

03 [페이지 설정] 대화상자가 나타나면 **[여백] 탭**을 클릭한 후 [페이지 가운데 맞춤]에서 '**가로**'를 체크합니다.

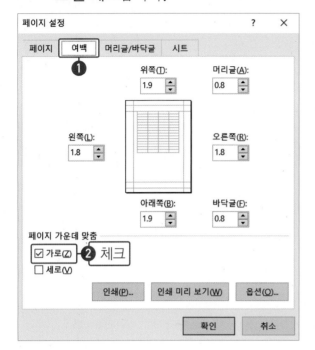

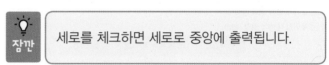
세로를 체크하면 세로로 중앙에 출력됩니다.

04 [머리글/바닥글] 탭을 클릭한 후 [바닥글 편집] 버튼을 클릭합니다. [바닥글] 대화상자가 나타나면 [가운데 구역]의 빈 공간을 클릭한 후 📄(페이지 번호 삽입)을 클릭합니다. 빈 공간에 '&[페이지 번호]'라고 나타나면 [확인] 버튼을 클릭합니다.

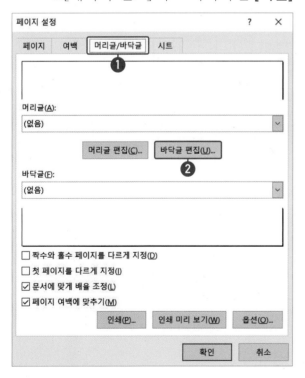

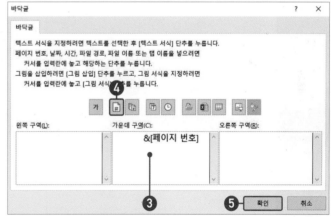

05 [머리글/바닥글] 탭의 [바닥글]에 '1'이 생성된 것을 확인할 수 있습니다. **[확인]** 버튼을 클릭합니다.

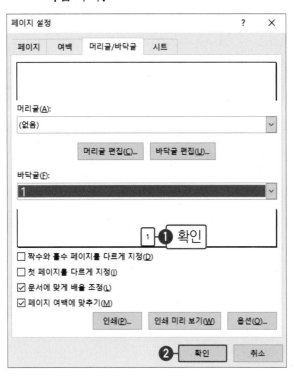

06 [인쇄] 화면이 나타나면 사용자 프린터의 연결된 상태를 확인하고 **[인쇄]** 버튼을 클릭합니다.

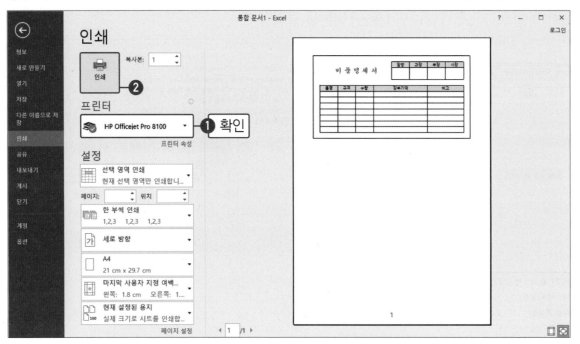

07 [저장]을 선택하여 파일 이름을 '비품 명세서'로 저장합니다.

01 새 통합 문서를 생성한 후 다음처럼 작성해 봅니다.

- [B2:I14] **영역 :** '굵은 바깥쪽 테두리' 설정
- [G3:H5], [C7:H10] **영역 :** '모든 테두리' 설정
- [C3:F5] **영역 :** '병합하고 가운데 맞춤', 글꼴 '18pt' 설정
- [G4:G5], [H4:H5], [D7:E7], [G7:H7], [D8:E8], [G8:H8], [D9:H9], [D10:H10] **영역 :** '병합하고 가운데 맞춤' 설정
- [G3:H3], [C7:C10], [F7:F8] **영역 :** 채우기 색 '녹색, 강조 6, 80% 더 밝게', '가운데 맞춤' 설정

	A	B	C	D	E	F	G	H	I	J
1										
2										
3				경력증명서			업체명	대표자		
4										
5										
6										
7			성명			주민번호				
8			소속			직위				
9			기간							
10			주소							
11										
12				상기인은 위와 같이 경력을 증명합니다.						
13										
14										
15										

02 문제 01의 파일에서 인쇄 미리 보기 화면이 다음과 같이 나타나도록 설정해 봅니다.

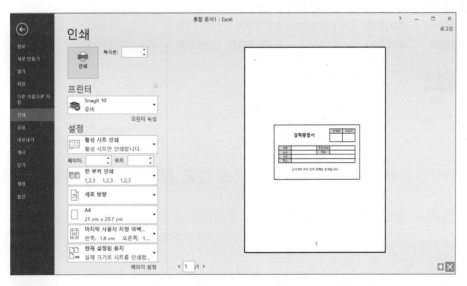

- [페이지 설정] 대화상자의 [여백] 탭에서 [페이지 가운데 맞춤]의 '가로'와 '세로'를 체크합니다.
- [페이지 설정] 대화상자의 [머리글/바닥글] 탭에서 [바닥글 편집] 버튼을 클릭하여 페이지 번호가 바닥글의 가운데 구역에 나타나도록 설정합니다.

06 명세서 만들기-2

- 상대 참조
- 절대 참조
- 표시 형식
- 서식 코드
- 표 서식
- 셀 스타일

미 / 리 / 보 / 기

📁 완성파일 : 급여 명세서(완성).xlsx

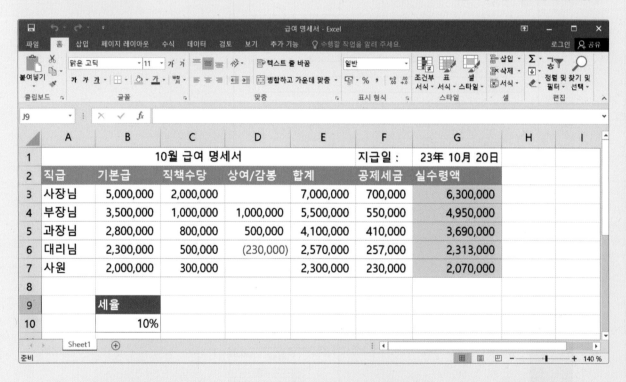

이번 장에서는 급여 명세서를 만들어 보며 엑셀에서 셀을 참조하는 방식에 따른 수식 작

성 방법 및 실제 입력과 셀에 표시되는 값을 다르게 하는 방법에 대하여 알아보겠습니다.

수식과 표시 형식 관련 기능 알아보기

▶ 수식의 작성 규칙

- 셀에 입력된 데이터와 상수, 연산자 등으로 계산을 수행하여 결과를 산출하는 것을 '수식'이라고 합니다.
- 등호(=)로 시작해야 하며 함수, 셀 참조, 상수, 연산자 등이 포함될 수 있습니다.
- 수식에 문자열이 사용되면 큰따옴표("")로 묶어야 합니다.

▶ 연산자

❶ 산술 연산자 : 숫자 데이터에 수학적인 연산을 할 때 사용되는 연산자입니다.

연산자	설명	사용 예	결과
+	더하기	= 3+2	5
−	빼기	= 3−2	1
*	곱하기	= 3*2	6
/	나누기	= 3/2	1.5
%	백분율	= 50% ("=" 생략 가능)	등호가 사용되었을 경우 : 0.5 등호가 생략되었을 경우 : 50%
^	거듭제곱	=3^2	= 3*3 = 9

❷ 비교 연산자 : 두 개의 값에 대해 크기를 비교할 때 사용합니다. 맞으면 TRUE(참), 그렇지 않으면 FALSE(거짓)의 형태로 나타납니다.

연산자	설명	사용 예	결과
=	같다	=3=2	FALSE
〉	크다(초과)	=3〉2	TRUE
〉=	크거나 같다(이상)	=3〉=2	TRUE
〈	작다(미만)	=3〈2	FALSE
〈=	작거나 같다(이하)	=3〈=2	FALSE
〈〉	같지 않다(≠)	=3〈〉2	TRUE

❸ 텍스트 연결 연산자 : 두 개의 데이터를 하나로 연결합니다.

연산자	설명	사용 예	결과
&	데이터 연결	= "대한"&"민국"	대한민국
		= 100&"점"	100점
		= 10&55	1055

④ 참조 연산자 : 수식에 필요한 셀 범위를 참조하기 위해 사용합니다.

연산자	설명	사용 예	결과
: (콜론)	연속된 영역으로 참조	A1:B3	[A1] 셀부터 [B3] 셀까지 참조 영역으로 지정 → 6개의 셀
, (콤마)	떨어진 영역을 참조	A1,C3	[A1] 셀과 [C3] 셀을 참조 영역으로 지정 → 2개의 셀
(공백)	공통된 영역만 참조	A1:C3 A2:E2	[A2] 셀부터 [C2] 셀까지 참조 영역으로 지정 → 3개의 셀

▶ 참조

- 수식에서 다른 셀에 입력된 데이터를 사용할 경우 입력된 실제 데이터 대신 셀 주소를 사용합니다. 수식에서 참조된 셀의 데이터가 변경되면 수식의 결과도 자동 변경됩니다.
- 셀 주소의 형태에 따라 상대 참조(A1), 절대 참조($A$1), 혼합 참조($A1, A$1)로 구분됩니다. '$' 표시는 직접 입력해도 되지만 F4 키를 이용하여 자동 변환시킬 수 있습니다.

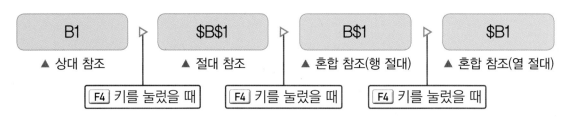

B1	▷	$B$1	▷	B$1	▷	$B1
▲ 상대 참조		▲ 절대 참조		▲ 혼합 참조(행 절대)		▲ 혼합 참조(열 절대)

F4 키를 눌렀을 때   F4 키를 눌렀을 때   F4 키를 눌렀을 때

❶ 상대 참조

셀의 주소를 수식에 이용할 때는 셀 주소를 그대로 입력하며, 상대 참조로 입력된 수식을 복사하였을 때 자동으로 참조 범위가 변경됩니다.

예 [C1] 셀에 '=A1+B1' 형식의 수식을 작성한 후 [C1] 셀의 수식을 [C3] 셀까지 자동 채우기 한 경우

	A	B	C
1	1	2	3
2	3	4	7
3	5	6	11

▷

C
=A1+B1
=A2+B2
=A3+B3

❷ 절대 참조

셀의 주소를 수식에 이용할 때는 셀 주소의 열과 행에 '$' 표시를 붙입니다. 절대 참조를 이용한 수식은 복사하여도 절대 변함이 없습니다.

예 [C1] 셀에 '=A1+$B$1' 형식의 수식을 작성한 후 [C1] 셀의 수식을 [C3] 셀까지 자동 채우기 한 경우

	A	B	C
1	1	2	3
2	3	4	5
3	5	6	7

▷

C
=A1+$B$1
=A2+$B$1
=A3+$B$1

❸ 혼합 참조

혼합 참조는 열과 행 중 어느 한쪽에만 절대 참조를 적용하고 나머지는 상대 참조를 사용한 것입니다. '$' 표시를 붙인 곳은 변하지 않고, '$' 표시가 없는 부분만 주소가 바뀌는 것을 확인할 수 있습니다.

예 [C1] 셀에 '=A$1+$B1' 형식의 수식을 작성한 후 [C1] 셀의 수식을 [C3] 셀까지 자동 채우기 한 경우

	A	B	C
1	1	2	3
2	3	4	5
3	5	6	7

▷

C
=A$1+$B1
=A$1+$B2
=A$1+$B3

▶ [홈] 탭-[표시 형식] 그룹 살펴보기

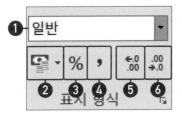

❶ 현재 셀에 설정된 표시 형식을 표시합니다. 기본적으로 특정 서식이 없는 '일반'으로 지정되어 있으며, ▾를 클릭하면 다양한 표시 형식을 선택할 수 있습니다. 하위 메뉴 중 [기타 표시 형식]을 선택하면 [셀 서식] 대화상자를 사용할 수 있습니다.

❷ 회계 표시 형식 : 숫자 앞에 통화 기호를 붙이고, 천 단위마다 쉼표를 표시합니다.

❸ 백분율 스타일 : 숫자에 100을 곱한 후 %를 표시합니다.

❹ 쉼표 스타일 : 숫자 천 단위마다 쉼표를 표시합니다.

❺ 자릿수 늘림 : 소수 이하 자릿수를 한 자리씩 늘려 표시합니다.

❻ 자릿수 줄임 : 소수 이하 자릿수를 한 자리씩 줄여 표시합니다.

▶ 서식 코드 살펴보기

[셀 서식] 대화상자의 [표시 형식] 탭에서 원하는 표시 형식을 찾을 수 없을 때 사용자가 서식 코드를 이용하여 직접 표시할 수 있습니다. [사용자 지정]에서 표시 형식을 지정하기 위해서 다양한 기호(코드)를 사용합니다.

① 숫자 서식

'#'과 '0'은 숫자를 표시하는 자릿수 기호입니다.

기호	설명	사용 예		
		입력	표시 형식	결과
#	유효 자릿수만 나타내고 유효하지 않은 0은 표시하지 않음	5.67	###.#	5.7
0	유효하지 않은 자릿수를 0으로 표시	5.67	000.0	005.7
, (쉼표)	① 숫자 천 단위 구분 기호	12000	#,##0원	12,000원
	② 끝에 쓰일 때 1000을 대신함	12000	#,	12

② 날짜 서식

'y'는 연도를, 'm'은 월을, 'd'는 일을 표시하는 날짜 기호입니다.

기호	설명	사용 예		
		입력	표시 형식	결과
y	년(年) 표시	24-8-17	yyyy년 mm월 dd일 ddd	2024년 08월 17일 Sat
m	월(月) 표시			
mm	월을 두 자리로 표시			
mmm	월을 영문 세 글자로 표시(Jan~Dec)			
mmmm	월을 영문으로 표시(January~December)			
d	일(日) 표시			
ddd	요일을 영문 세 글자로 표시(Sun~Sat)			
dddd	요일을 영문으로 표시(Sunday~Saturday)			

③ 시간 서식

기호	설명	사용 예		
		입력	표시 형식	결과
h	시간 표시	9:5:5	hh"시"m"분"s"초"	09시 5분 5초
m	분 표시			
s	초 표시			
am/pm	시간을 12시간제로 표시			

④ 문자열 서식

기호	설명	사용 예		
		입력	표시 형식	결과
@	문자를 추가하여 표시	홍길동	@"님"	홍길동님

⑤ 색상 서식

조건에 맞는 숫자에 색상을 표시할 때 '[ ]'를 사용하며, 색상을 조건보다 앞에 사용합니다.

기호	설명	사용 예		
		입력	표시 형식	결과
[색상]	색상 표시	1234	[빨강][>=500]#,##0	1,234

⑥ 구분 서식

조건에 맞는 숫자에 색상을 표시할 때 '[ ]'를 사용하며, 색상을 조건보다 앞에 사용합니다.

기호	설명	사용 예		
		입력	표시 형식	결과
; (세미콜론)	양수, 음수, 0, 텍스트를 구분하는 기호 양수 ; 음수 ; 0 ; 텍스트	10	[파랑]#,##0 ; [빨강]#,##0 ; 0.00 ; [녹색]@"님"	10
		−55		55
		0		0.00
		가		가님

⑩2 급여 명세서 만들기

▶ 상대 참조로 계산하기

01 엑셀을 실행한 후 [새 통합 문서]를 클릭합니다. 새 통합 문서가 나타나면 다음처럼 **입력**합니다. [A1:E1] 영역은 병합하고 가운데 맞춤을 설정합니다.

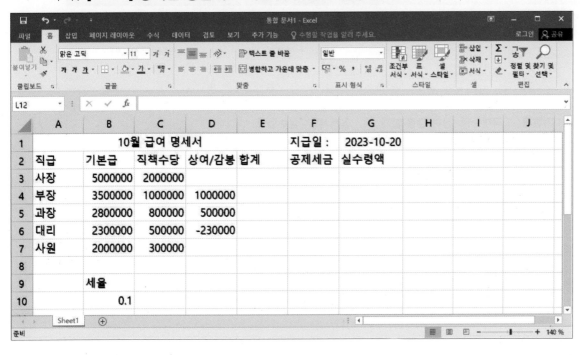

02 '합계'를 계산하기 위해 [E3] 셀을 클릭한 후 '='를 입력합니다. [B3] 셀을 클릭한 후 '+'를 입력합니다. [C3] 셀을 클릭한 후 다시 '+'를 입력하고 [D3] 셀을 클릭합니다. '=B3+C3+D3' 형태의 수식 입력이 완료되면 Enter 키를 누릅니다.

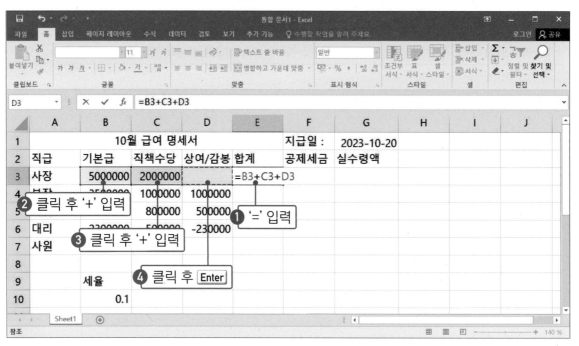

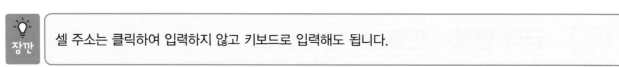

셀 주소는 클릭하여 입력하지 않고 키보드로 입력해도 됩니다.

03 계산된 결과가 표시됩니다. [E3] 셀을 클릭하고 수식 입력줄을 살펴보면 수식이 입력되어 있는 것을 확인할 수 있습니다. [E3] 셀의 ■(채우기 핸들)을 [E7] 셀까지 드래그합니다.

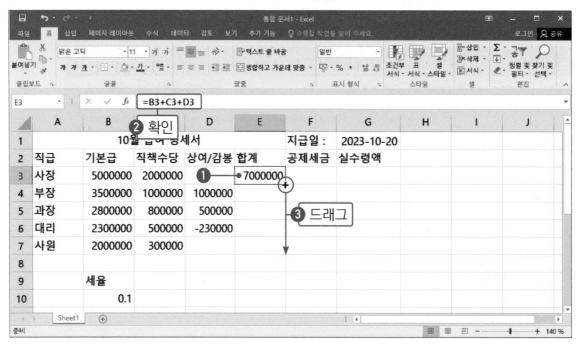

04 각 셀에 계산된 결과가 표시됩니다. [E4] 셀을 클릭하고 수식 입력줄을 살펴보면 '=B4+C4+D4'인 것을 확인할 수 있습니다.

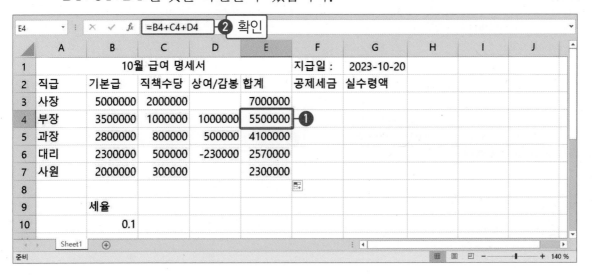

[E3] 셀에서 [E4] 셀로 한 행을 내려 자동 채우기를 실행하였기 때문에 자동으로 적용된 수식도 'B3'에서 'B4', 'C3'에서 'C4', 'D3'에서 'D4'로 한 행씩 상대적으로 내려간 것을 확인할 수 있습니다. 같은 방법으로 'E5' 셀을 살펴보면 2행을 내려서 자동 채우기 했으므로 수식도 2행씩 내려가면서 작성된 것을 확인할 수 있습니다.

▶ 절대 참조로 계산하기

01 '공제세금'을 계산하기 위해 [F3] 셀을 클릭하여 '=E3*B10'의 수식을 입력하고 Enter 키를 누릅니다.

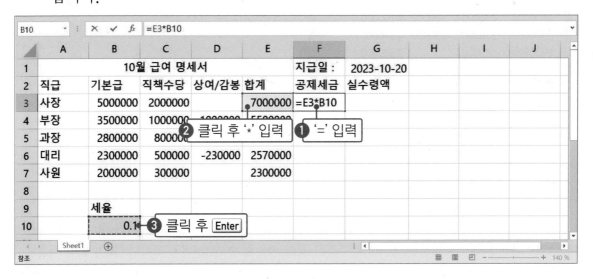

공제세금[F3]=합계[E3]*세율[B10]

02 계산된 결과가 표시됩니다. [F3] 셀을 클릭한 후 [F3] 셀의 ■(채우기 핸들)을 [F7] 셀까지 드래그합니다.

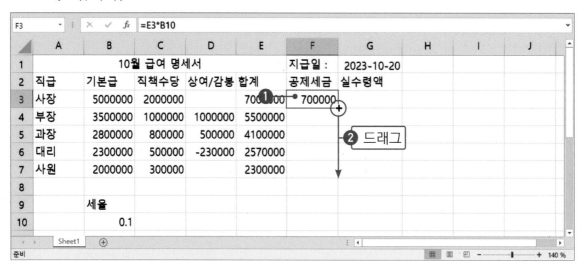

03 결과를 살펴보면 [F4:F7] 영역의 결과가 '0'으로 표시됩니다. [F4] 셀을 클릭한 후 수식 입력줄을 살펴보면 '=E4*B11'이라고 나타난 것을 확인할 수 있습니다. 수식에 적용된 [B11] 셀을 살펴보면 데이터가 비어 있기 때문에 '0'이 나타난 것이므로, 수식에 사용되는 [B10] 셀을 고정해야 합니다.

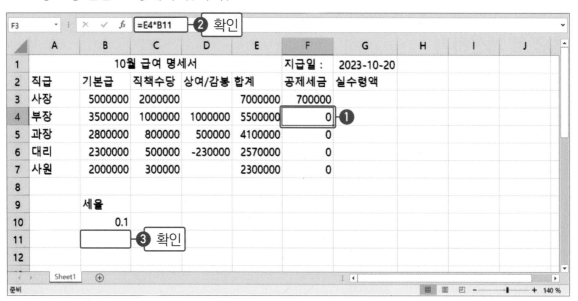

[F3] 셀에서 [F4] 셀로 한 행을 내려 자동 채우기를 실행하였기 때문에 자동으로 적용된 수식도 'E3'에서 'E4', 'B10'에서 'B11'로 한 행씩 상대적으로 내려간 것을 확인할 수 있습니다. 그러나 [B10] 셀의 세율은 공통으로 적용되는 부분이므로, 자동으로 수식 복사 시 동일하게 나타나야 합니다.

04 [F3] 셀의 수식을 재작성하기 위해 **[F3:F7] 영역을 드래그**한 후 Delete 키를 눌러 삭제합니다. [F3] 셀을 클릭한 후 [B10] 셀을 고정하기 위해 수식을 '**=E3*$B$10**' 형태로 입력하고 Enter 키를 누릅니다.

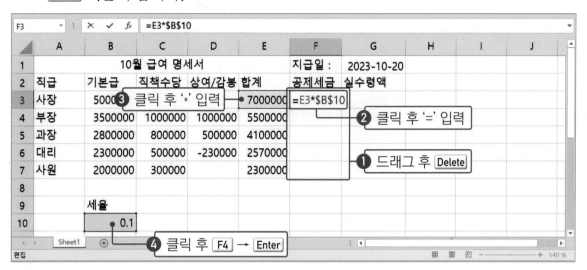

 [B10] 셀의 행 번호 10 앞에 '$'를 직접 입력해도 됩니다.

05 [F3] 셀을 클릭한 후 [F3] 셀의 ■(채우기 핸들)을 [F7] 셀까지 드래그합니다.

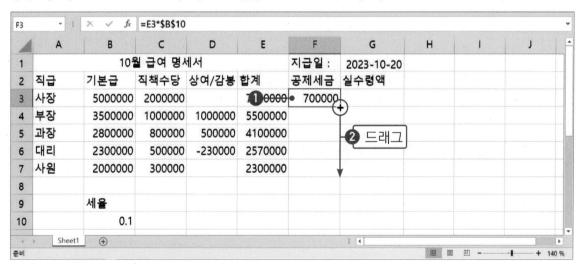

06 [F4] 셀을 클릭한 후 수식 입력줄을 살펴봅니다. 수식 중 참조한 [E3] 셀은 'E3'에서 'E4'로 한 행 내려진 셀 주소가 나타났지만, [B10] 셀은 변동되지 않고 '$B$10' 형식으로 나타난 것을 확인할 수 있습니다.

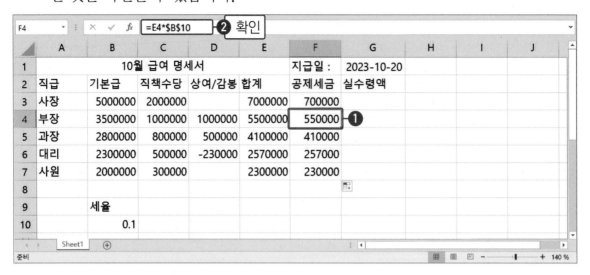

▶ 더블 클릭하여 자동 채우기

01 '실수령액'을 계산하기 위해서 [G3] 셀을 클릭하여 '=E3-F3'의 수식을 입력하고 Enter 키를 누릅니다.

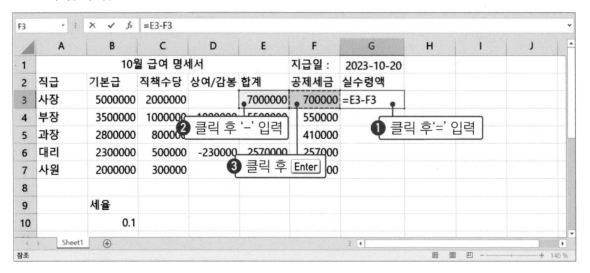

02 [G3] 셀을 클릭한 후 [G3] 셀의 ■(채우기 핸들)을 더블 클릭합니다.

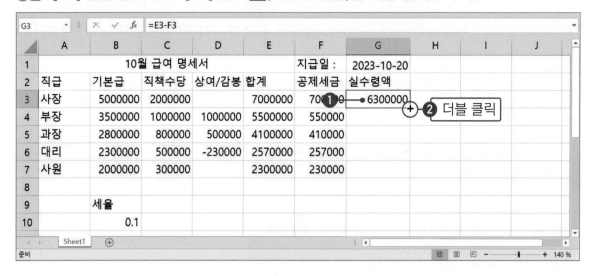

03 [G7] 셀까지 자동으로 수식이 채워져 다음과 같은 결과가 나타납니다.

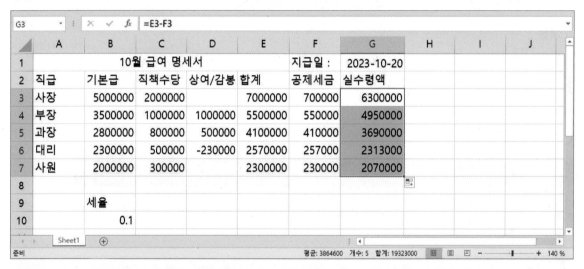

데이터가 계속적으로 연결되어 있는 경우 더블 클릭으로 자동 채우기를 실행하면 데이터가 끝나는 지점까지만 적용되어 나타납니다.

▶ 표시 형식 지정하기

01 금액의 표시 형식을 지정하기 위해 [B3:G7] 영역을 선택한 후 [홈] 탭-[표시 형식] 그룹-[쉼표 스타일(,)]을 클릭합니다.

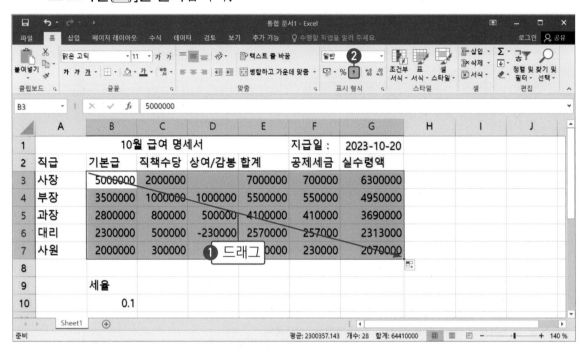

02 선택 영역에 천 단위마다 쉼표가 표시된 것을 확인할 수 있습니다.

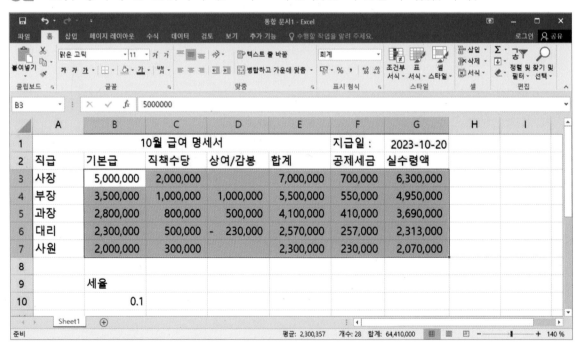

03 세율의 표시 형식을 변경하기 위해 [B10] 셀을 클릭합니다. [홈] 탭-[표시 형식] 그룹-[백분율 스타일(%)]을 클릭합니다.

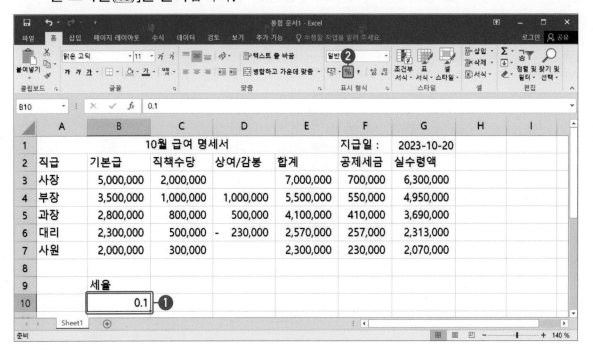

04 백분율로 표시된 것을 확인할 수 있습니다.

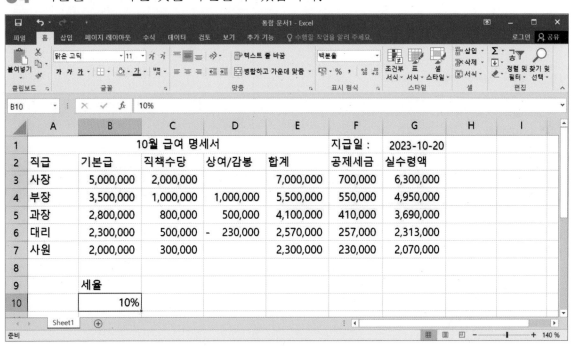

05 음수의 표시 형식을 변경하기 위해 [D6] 셀을 클릭합니다. [홈] 탭-[표시 형식] 그룹에서 [표시 형식(회계　　▼)]의 ▼를 클릭한 후 [기타 표시 형식]을 선택합니다.

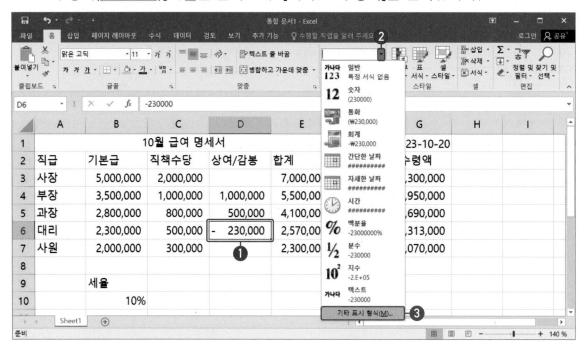

06 [셀 서식] 대화상자가 나타나면 [표시 형식] 탭의 **[범주]**에서 '숫자'를 선택한 후 [음수]의 목록에서 빨간색의 '(1,234)'를 선택하고 [확인] 버튼을 클릭합니다.

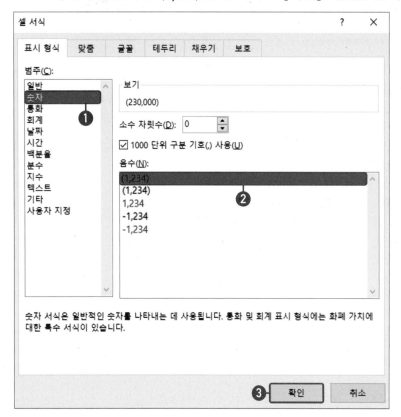

07 [D6] 셀의 음수 표시 형식이 변경된 것을 확인할 수 있습니다.

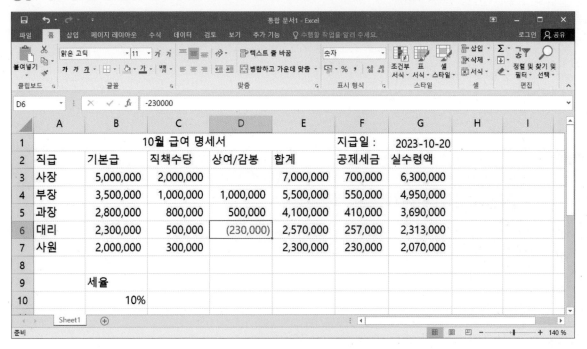

08 지급일의 날짜 형식을 변경하기 위해 [G1] 셀을 클릭합니다. [홈] 탭-[표시 형식] 그룹에서
[표시 형식(날짜 ▾)]의 ▾를 클릭한 후 [기타 표시 형식]을 선택합니다.

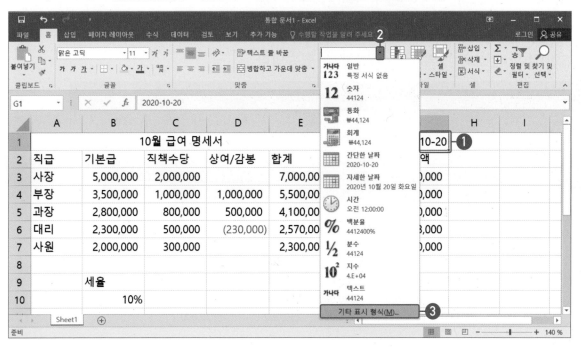

09 [셀 서식] 대화상자가 나타나면 [표시 형식] 탭의 **[범주]**에서 '날짜'를 선택한 후 [형식]의
목록에서 '**12年 3月 14日**'을 선택하고 **[확인]** 버튼을 클릭합니다.

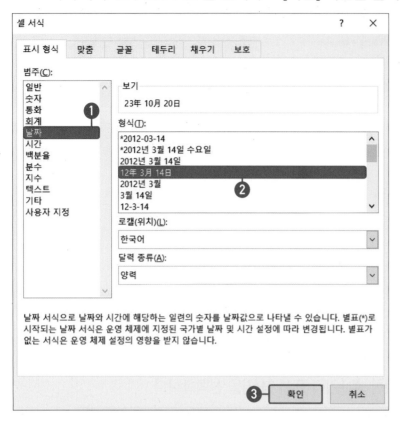

10 '23年 10月 20日'로 변경된 것을 확인할 수 있습니다.

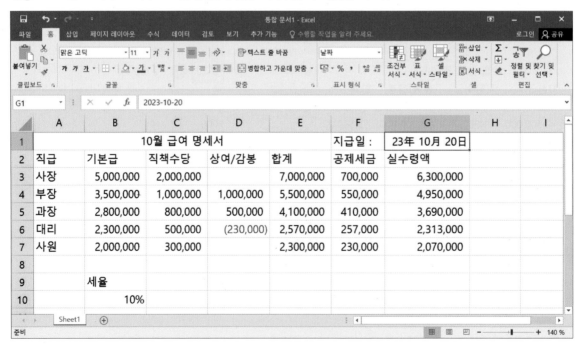

11 [A3:A7] 영역을 선택한 후 [홈] 탭-[표시 형식] 그룹에서 [표시 형식(일반 ▼)]의 ▼를 클릭하고 [기타 표시 형식]을 선택합니다.

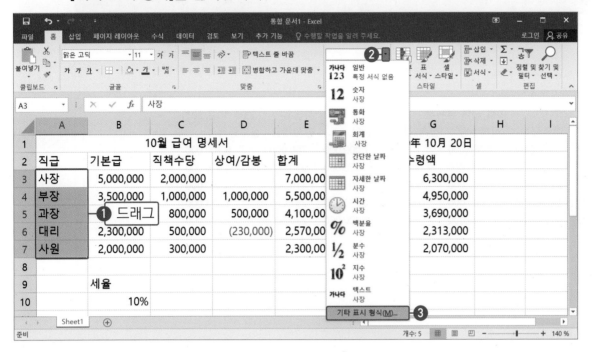

12 [셀 서식] 대화상자가 나타나면 [표시 형식] 탭의 [범주]에서 '사용자 지정'을 선택한 후 [형식]의 입력 상자에 '@"님"'을 입력하고 [확인] 버튼을 클릭합니다.

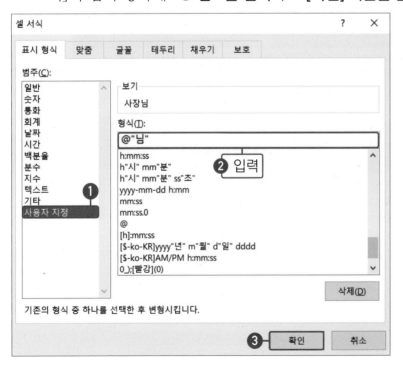

13 선택한 영역의 문자 데이터 뒤에 '님'이 표시된 것을 확인할 수 있습니다.

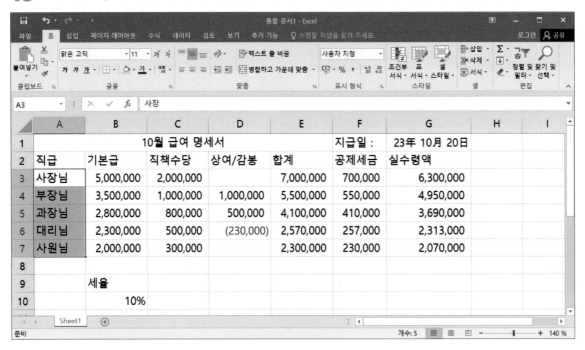

▶ 표시 형식 지우기

01 표시 형식을 삭제할 [A7] 셀을 클릭합니다. [홈] 탭-[표시 형식] 그룹에서 [표시 형식 (사용자 지정 ▾)]의 ▾를 클릭한 후 [일반]을 선택합니다.

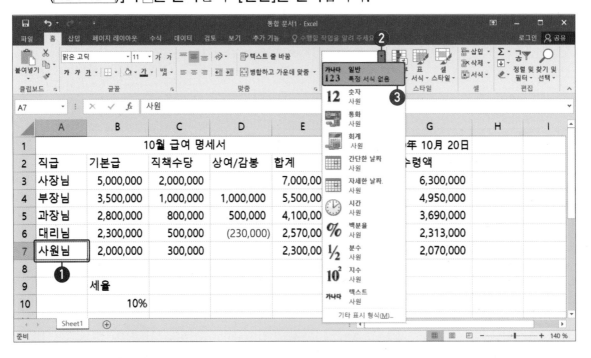

잠깐

[A7] 셀을 선택하고 Delete 키를 눌러 삭제한 경우, 해당 셀에 다시 입력하면 원래 적용되어 있던 표시 형식이 남아 있어 '님'자가 붙어 표시됩니다. 서식, 표시 형식, 디자인이 적용된 셀들은 Delete 키로 지워지지 않습니다.

02 표시 형식만 지웠기 때문에 원래의 데이터인 '사원'이 표시됩니다.

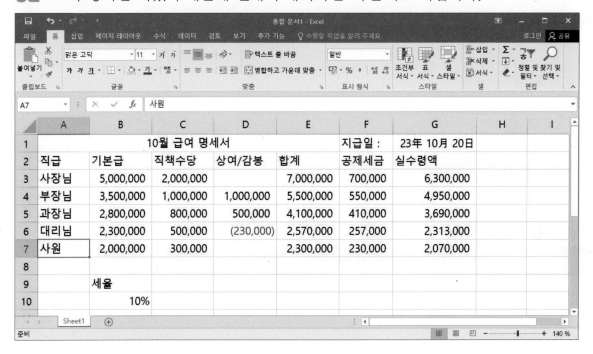

▶ 표 서식 지정하기

01 표 서식을 적용할 [A2:G7] 영역을 선택합니다. [홈] 탭-[스타일] 그룹-[표 서식]에서 [표 스타일 밝게 9]를 선택합니다.

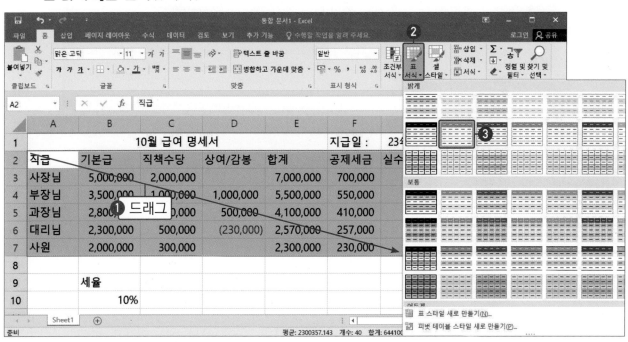

02 [표 서식] 대화상자가 나타나면 '머리글 포함'에 체크되어 있는지 확인한 후 [확인] 버튼을 클릭합니다.

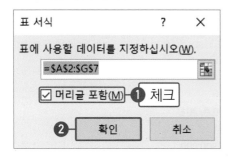

03 [표 도구]-[디자인] 탭-[도구] 그룹-[범위로 변환]을 클릭합니다.

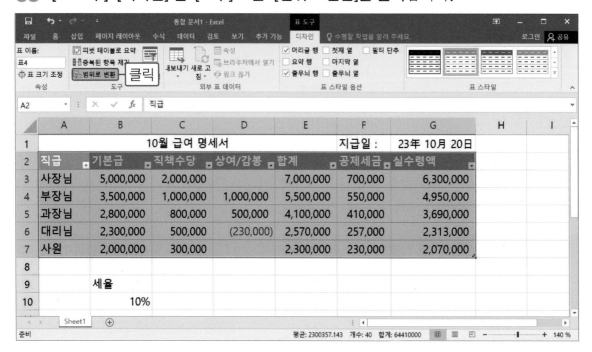

04 표를 정상 범위로 변환할 것인지 묻는 메시지가 나타나면 [예] 버튼을 클릭합니다.

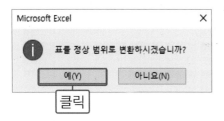

05 표가 기본적인 상태로 변경됩니다. 머리글에 있던 ▼와 리본 메뉴의 [표 도구]-[디자인] 탭은 표시되지 않습니다.

06 [B9:B10] 영역을 선택한 후 [홈] 탭-[스타일] 그룹-[표 서식]에서 [표 스타일 밝게 10]을 선택합니다.

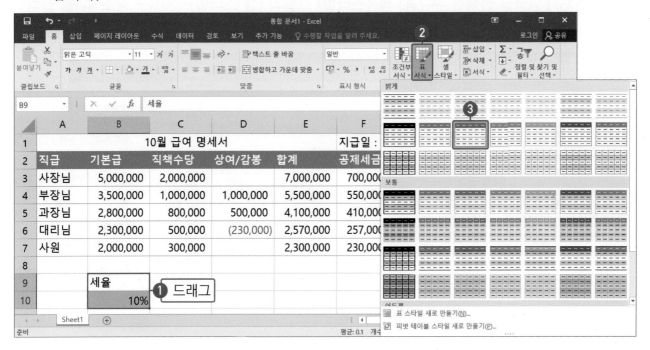

07 [표 서식] 대화상자가 나타나면 [확인] 버튼을 클릭한 후 [표 도구]-[디자인] 탭-[도구] 그룹-[범위로 변환]을 클릭합니다.

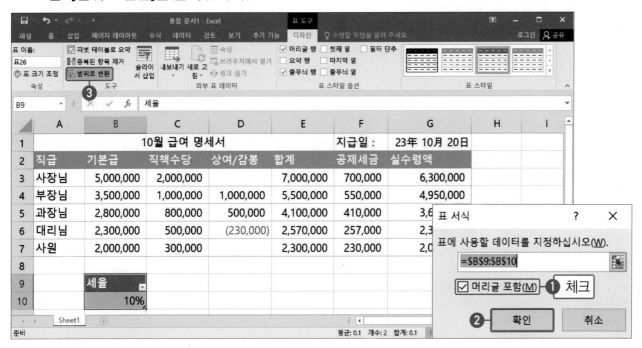

08 표를 정상 범위로 변환할 것인지 묻는 메시지가 나타나면 [예] 버튼을 클릭합니다.

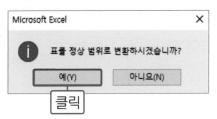

▶ 셀 스타일 지정하기

01 [G3:G7] 영역을 선택한 후 [홈] 탭-[스타일] 그룹의 [셀 스타일]-[20% - 강조색2]를 클릭합니다.

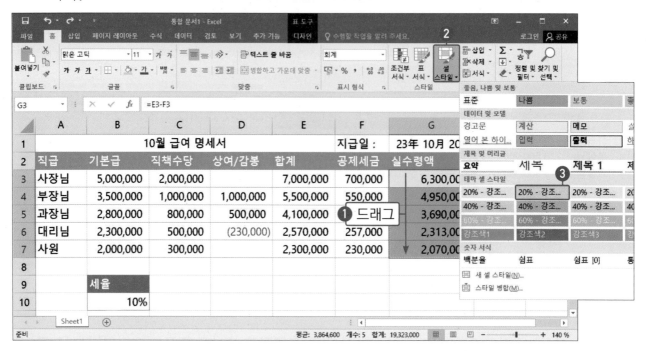

 셀 스타일(🖼️)이 보이지 않아요.
엑셀 창의 크기에 따라 리본 메뉴에 표시되는 모습이 다릅니다. 셀 스타일은 다음과 같은 모습으로 표시될 수 있습니다.

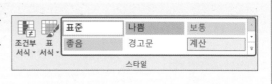

02 색상이 변경된 것을 확인할 수 있습니다.

03 빠른 실행 도구 모음의 🖫(저장)을 클릭하여 파일 이름을 '급여 명세서'로 저장합니다.

응용력 키우기

01 새 통합 문서를 생성한 후 다음처럼 입력해 봅니다. 단, [G3:G8] 영역과 [H3:H8] 영역은 수식을 사용하여 계산하고 자동 채우기로 입력합니다.

	A	B	C	D	E	F	G	H	I
1	우수사원 영업실적								
2	이름	직급	영업실적				합계	수령액	
3	김동주	차장	200	352	250	305	1107	1660.5	
4	이상하	대리	225	300	203	305	1033	1549.5	
5	박소원	과장	280	250	253	223	1006	1509	
6	김민희	사원	162	208	225	122	717	1075.5	
7	오윤화	사원	200	190	203	133	726	1089	
8	장수진	사원	100	205	217	136	658	987	
9									
10		인센티브							
11		0.5							

- 합계 : =C3+D3+E3+F3
- 수령액 = 합계+합계×(인센티브) : =G3+(G3*$B$11)

02 문제 **01**의 파일에 다음과 같은 표시 형식과 표 서식, 셀 스타일을 적용한 후 '영업실적.xlsx'로 저장해 봅니다.

- **[G3:H8] 영역 :** '쉼표 스타일(🟨)' 설정
- **[B11] 셀 :** '백분율(%)' 설정
- **[A2:H8], [B10:B11] 영역 :** 표 서식 '표 스타일 보통 3', '머리글 포함' 설정
- **[A1:H1] 영역 :** '병합하고 가운데 맞춤', 셀 스타일 '제목 2' 설정
- **[C2:F2] 영역 :** '병합하고 가운데 맞춤' 설정

	A	B	C	D	E	F	G	H	I
1	우수사원 영업실적								
2	이름	직급	영업실적				합계	수령액	
3	김동주	차장	200	352	250	305	1,107	1,661	
4	이상하	대리	225	300	203	305	1,033	1,550	
5	박소원	과장	280	250	253	223	1,006	1,509	
6	김민희	사원	162	208	225	122	717	1,076	
7	오윤화	사원	200	190	203	133	726	1,089	
8	장수진	사원	100	205	217	136	658	987	
9									
10		인센티브							
11		50%							
12									

[A2:H8] 영역과 [B10:B11] 영역은 표 서식을 적용한 후 [표 도구]–[디자인] 탭–[도구] 그룹–[범위로 변환]을 클릭하여 변경합니다.

07 실적 자료 만들기

- SUM 함수
- AVERAGE 함수
- MAX 함수
- MIN 함수

- COUNT 함수
- COUNTBLANK 함수
- 조건부 서식

미/리/보/기

📁 완성파일 : 매출 현황(완성).xlsx

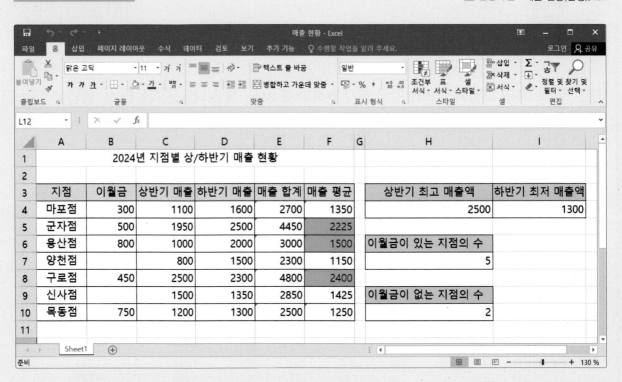

이번 장에서는 지점별 매출 현황표를 통해 한 번의 클릭으로 쉽게 계산되는 자동 수식 함수와 조건에 만족하는 영역만 서식이 적용되는 조건부 서식에 대하여 알아보겠습니다.

함수 관련 기능 알아보기

▶ 함수

함수는 복잡하거나 반복적인 계산에 필요한 공식이 미리 정의되어 있는 수식입니다. 함수명과 괄호 안의 인수로 계산을 수행합니다. 인수는 쉼표(,)로 구분하며, 상수, 셀 참조, 다른 함수 등을 사용합니다.

$$\text{예} \quad =SUM(A1, \; A5:A10, \; 5)$$

함수명　　　　인수

 인수의 종류 및 구성은 함수에 따라 다릅니다.

▶ 자동 수식 함수

실무에서 가장 많이 사용하는 계산은 합계, 평균, 숫자 개수, 최대값, 최소값 구하기입니다. 이 5가지 계산과 관련된 수식들은 각각 SUM, AVERAGE, COUNT, MAX, MIN 함수로 정의되어 있으며, 클릭 한 번으로 쉽게 사용할 수 있도록 [수식] 탭-[함수 라이브러리] 그룹-[자동 합계] 기능에서 기본으로 제공하고 있습니다.

❶ SUM 함수를 호출하여 합계를 구합니다.

- 빈 셀을 선택한 후 클릭하면 위쪽 또는 왼쪽에서 숫자 데이터가 있는 셀을 자동으로 인식하여 선택 범위를 지정합니다. 선택 범위가 맞으면 Enter 키를 눌러 실행하고, 선택 범위가 맞지 않으면 드래그하여 범위를 수정한 후 Enter 키를 눌러 실행합니다.
- 셀 범위를 선택한 후 클릭하면 아래쪽 또는 오른쪽의 빈 셀에 자동으로 합계를 계산하여 결과를 표시합니다.

❷ SUM 함수 외에 다른 함수를 사용할 수 있습니다. [합계], [평균], [숫자 개수], [최대값], [최소값]은 각각 SUM, AVERAGE, COUNT, MAX, MIN 함수를 호출합니다. [기타 함수]를 선택하면 [함수 마법사] 대화상자가 나타납니다. 다른 함수를 선택하고 싶을 때 사용합니다.

 [홈] 탭-[편집] 그룹에서도 [자동 합계(Σ·)] 기능을 제공하고 있습니다.

함수 살펴보기

함수 라이브러리	함수 형식	설명
수학/삼각	= SUM(인수1, 인수2, …)	합계를 구함
통계	= AVERAGE(인수1, 인수2, …)	평균을 구함
통계	= MAX(인수1, 인수2, …)	제일 큰 값을 구함
통계	= MIN(인수1, 인수2, …)	제일 작은 값을 구함
통계	= COUNT(인수1, 인수2, …)	숫자 개수를 구함
통계	= COUNTA(인수1, 인수2, …)	빈 셀이 아닌 개수를 구함
통계	= COUNTBLANK(범위)	범위(Range)에서 빈 셀의 개수를 구함
통계	= COUNTIF(범위, 조건)	범위(Range)에서 조건에 맞는 개수를 구함

02 지점 매출 실적 자료 만들기

▶ SUM 함수로 매출 합계 계산하기

01 엑셀을 실행한 후 [새 통합 문서]를 클릭합니다. 새 통합 문서에 다음처럼 데이터를 **입력**하고 셀 서식을 적용합니다.

	A	B	C	D	E	F	G	H	I
1			2024년 지점별 상/하반기 매출 현황						
2									
3	지점	이월금	상반기 매출	하반기 매출	매출 합계	매출 평균		상반기 최고 매출액	하반기 최저 매출액
4	마포점	300	1100	1600					
5	군자점	500	1950	2500					
6	용산점	800	1000	2000				이월금이 있는 지점의 수	
7	양천점		800	1500					
8	구로점	450	2500	2300					
9	신사점		1500	1350				이월금이 없는 지점의 수	
10	목동점	750	1200	1300					
11									

 제공하는 [준비파일] 폴더의 '매출 현황.xlsx' 파일을 불러와 다음 작업을 진행해도 됩니다.

02 매출 합계를 구하기 위하여 먼저 수식을 작성할 [E4] 셀을 클릭합니다. [수식] 탭-[함수 라이브러리] 그룹-[자동 합계(자동 합계)]를 클릭한 후 [합계]를 선택합니다.

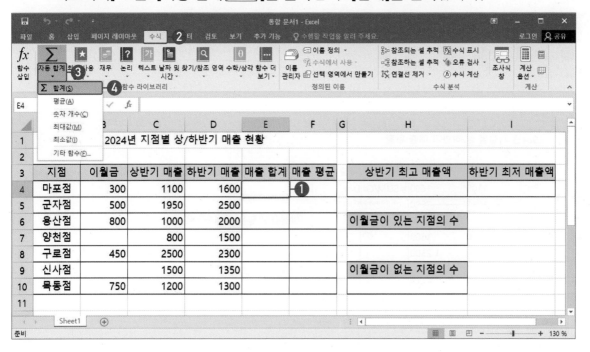

03 SUM 함수가 호출되고, 자동으로 선택 영역이 지정됩니다.

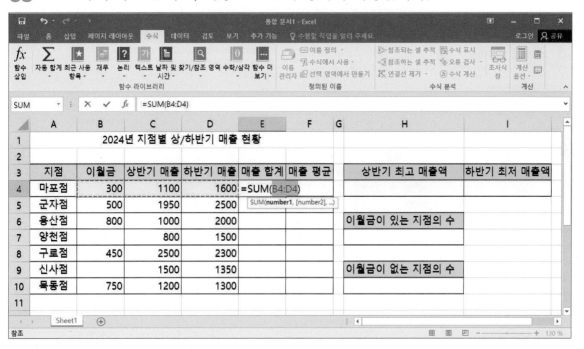

04 선택 영역에서 이월금을 제외하기 위해 드래그하여 **[C4:D4] 영역으로 범위를 재설정**한 후 Enter 키를 누릅니다.

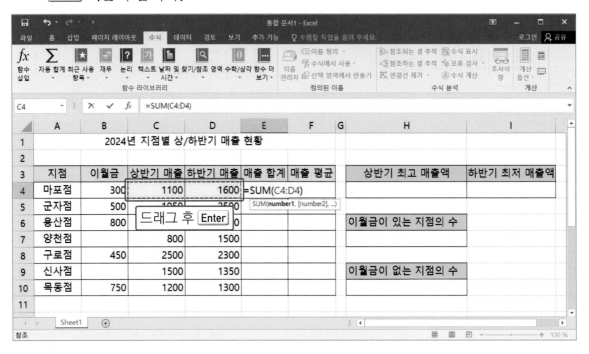

05 [E4] 셀을 클릭한 후 [E4] 셀의 ■(채우기 핸들)을 [E10] 셀까지 드래그합니다.

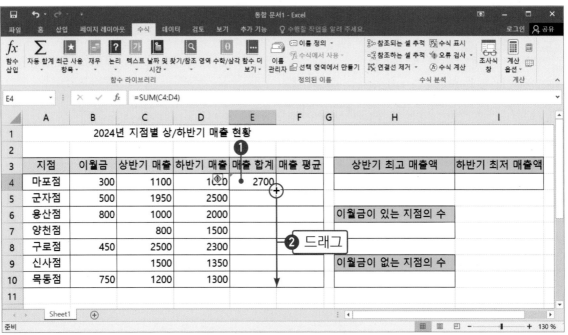

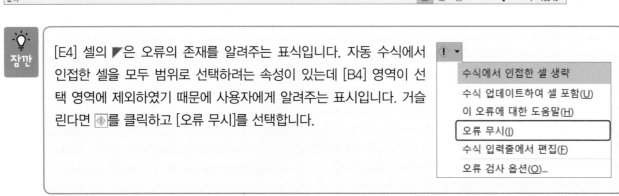

[E4] 셀의 ▼은 오류의 존재를 알려주는 표식입니다. 자동 수식에서 인접한 셀을 모두 범위로 선택하려는 속성이 있는데 [B4] 영역이 선택 영역에 제외하였기 때문에 사용자에게 알려주는 표시입니다. 거슬린다면 ◈를 클릭하고 [오류 무시]를 선택합니다.

수식에서 인접한 셀 생략
수식 업데이트하여 셀 포함(U)
이 오류에 대한 도움말(H)
오류 무시(I)
수식 입력줄에서 편집(F)
오류 검사 옵션(O)...

06 [E4:E10] 영역에 상반기 매출과 하반기 매출의 지점별 매출 합계가 나타난 것을 확인할
수 있습니다.

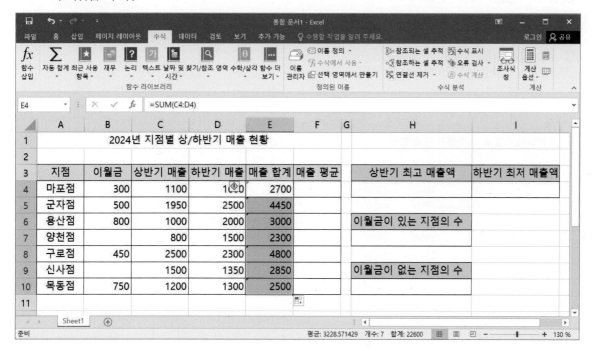

▶ AVERAGE 함수로 매출 평균 계산하기

01 매출 평균을 구하기 위하여 [F4] 셀을 클릭하고, [수식] 탭-[함수 라이브러리] 그룹-
[자동 합계(자동합계)]에서 [평균]을 선택합니다.

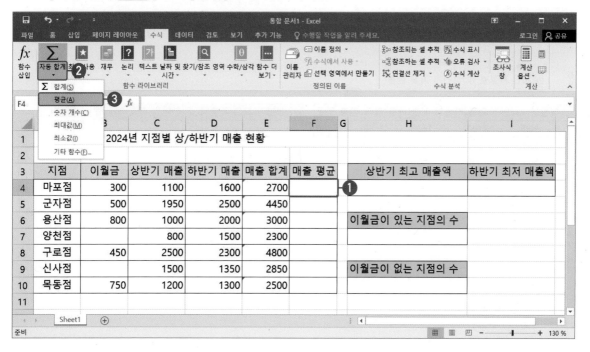

02 AVERAGE 함수가 호출되고, 자동으로 선택 영역이 지정됩니다. [C4:D4] 영역으로 범위를 재설정한 후 Enter 키를 누릅니다.

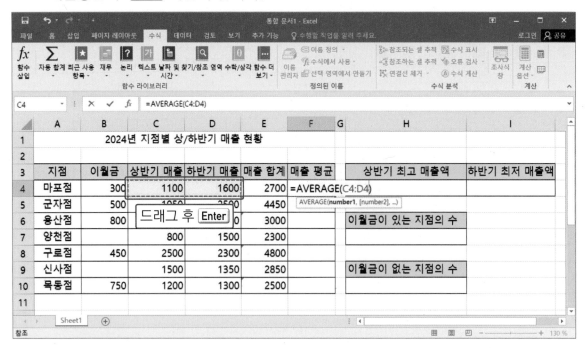

03 [F4] 셀을 클릭한 후 [F4] 셀의 ■(채우기 핸들)을 [F10] 셀까지 드래그합니다.

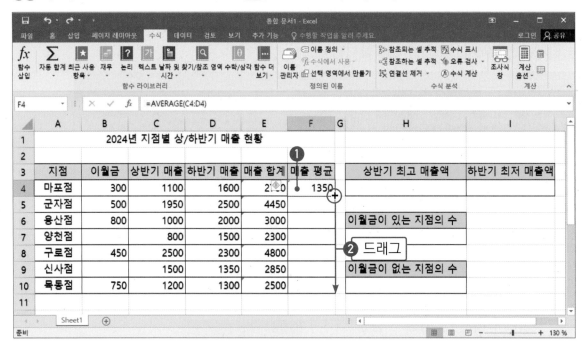

04 [F4:F10] 영역에 지점별 매출 평균이 나타난 것을 확인할 수 있습니다.

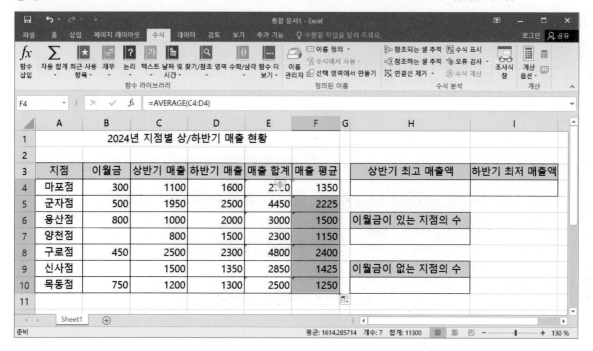

▶ MAX 함수로 최고 매출액 찾기

01 상반기의 최고 매출액을 구하기 위하여 [H4] 셀을 클릭하고 [수식] 탭-[함수 라이브러리] 그룹-[자동 합계(_{자동 합계})]에서 [최대값]을 선택합니다.

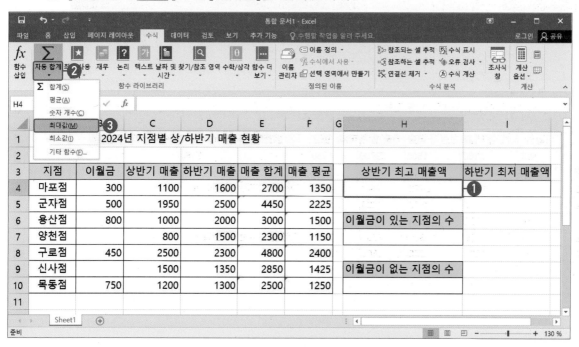

02 MAX 함수가 호출되면 상반기 매출 전체 영역을 선택하기 위해 **[C4:C10] 영역을 선택**한 후 Enter 키를 누릅니다.

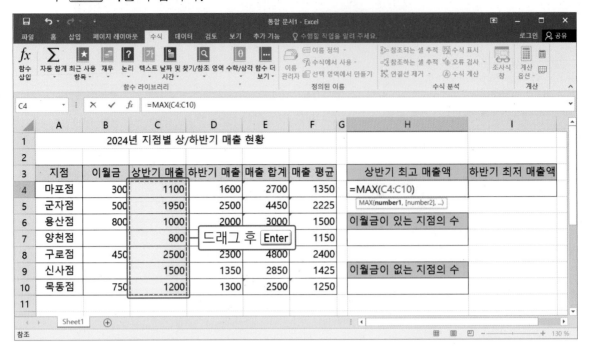

03 상반기의 최고 매출액을 확인할 수 있습니다.

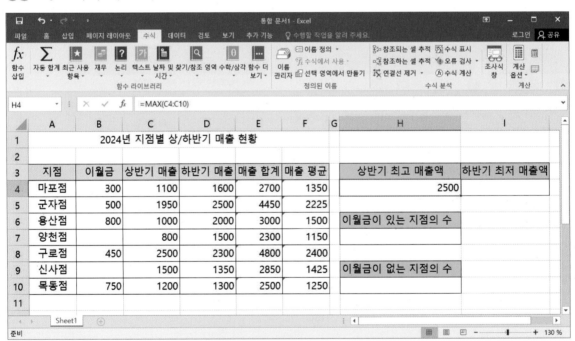

▶ MIN 함수로 최저 매출액 찾기

01 하반기의 최저 매출액을 구하기 위하여 [I4] 셀을 클릭하고 [수식] 탭-[함수 라이브러리] 그룹-[자동 합계(자동 합계)]에서 [최소값]을 선택합니다.

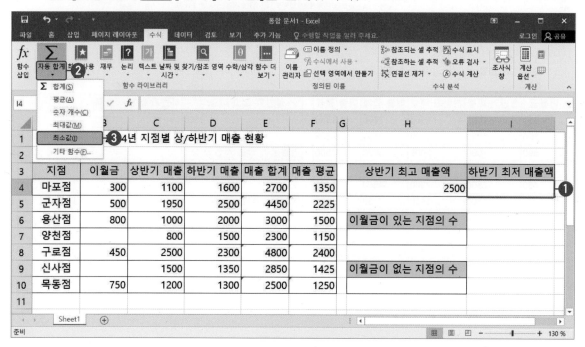

02 MIN 함수가 호출되면 하반기 매출 전체 영역을 선택하기 위해 [D4:D10] 영역을 선택한 후 Enter 키를 누릅니다.

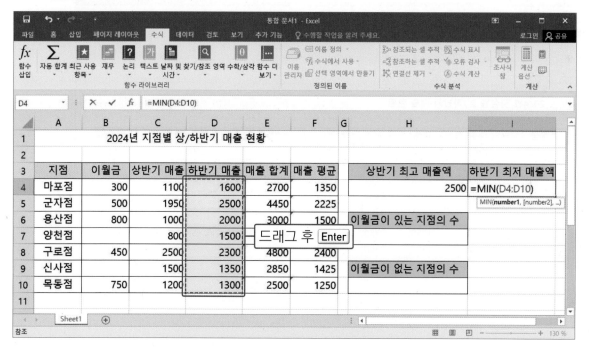

03 하반기 최저 매출액을 확인할 수 있습니다.

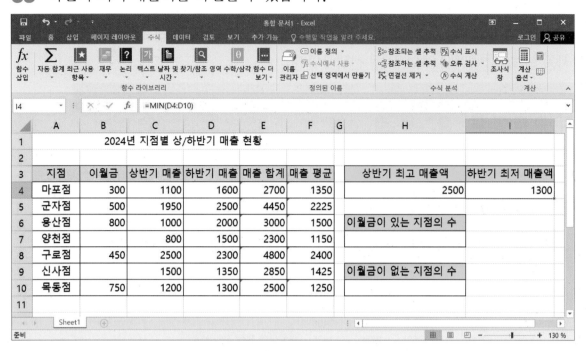

▶ COUNT 함수로 셀 개수 계산하기

01 이월금이 있는 지점의 개수를 계산하기 위하여 [H7] 셀을 클릭하고 [수식] 탭-[함수 라이브러리] 그룹-[자동 합계(자동 합계)]에서 [숫자 개수]를 선택합니다.

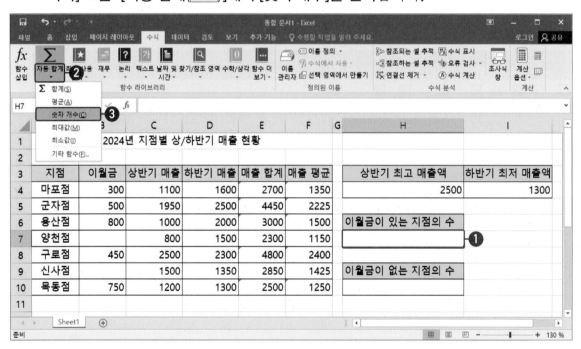

02 COUNT 함수가 호출되면 이월금의 영역인 [B4:B10] 영역을 선택한 후 Enter 키를 누릅니다.

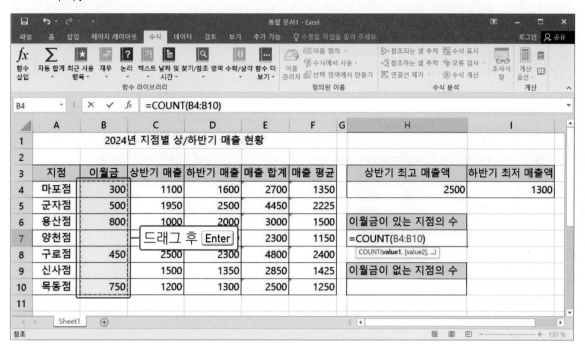

03 이월금이 있는 지점 수를 확인할 수 있습니다.

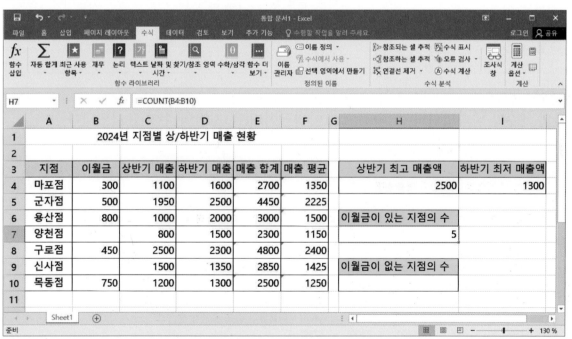

▶ COUNTBLANK 함수로 빈 셀 개수 계산하기

01 이월금이 없는 셀은 비어 있는 상태이므로 COUNTBLANK 함수를 사용하여 이월금이 없는 지점의 수를 구해 봅니다. [H10] 셀을 클릭한 후 '=COUNTBLANK(B4:B10)'로 입력하고 Enter 키를 누릅니다.

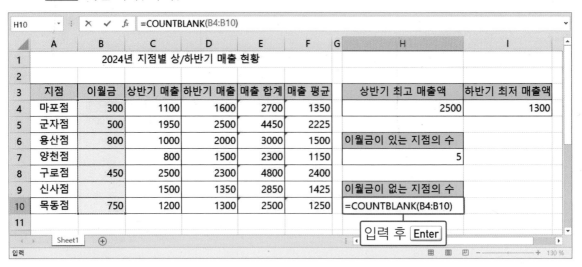

 [자동 합계(자동합계)]에서 기본적으로 지원되지 않는 함수는 [수식] 탭–[함수 라이브러리] 그룹–[함수 삽입]을 활용하여 [함수 마법사] 대화상자에서 선택할 수도 있고, 직접 입력하여 사용할 수도 있습니다. [함수 마법사] 대화상자를 활용하는 방법은 '08장. 성적 자료 만들기'에서 살펴보고, 이번 실습에서는 직접 입력해 봅니다.

02 빈 셀의 개수가 나타납니다. 결과적으로 이월금이 없는 지점의 수가 표시됩니다.

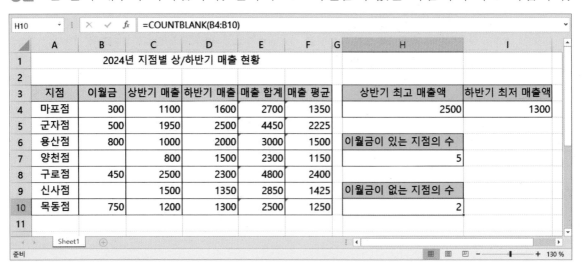

▶ 조건부 서식 설정하기

01 [F4:F10] 영역을 선택한 후 [홈] 탭-[스타일] 그룹-[조건부 서식]에서 [상위/하위 규칙]-[상위 10개 항목]을 선택합니다.

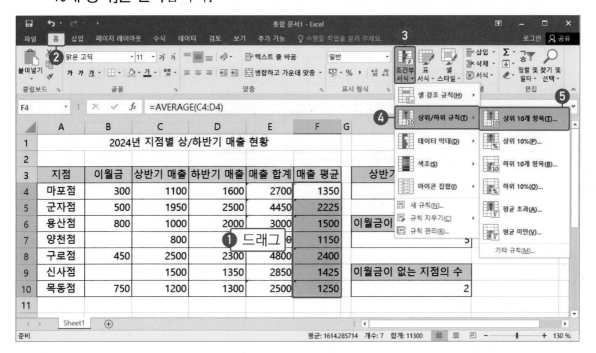

02 [상위 10개 항목] 대화상자가 나타나면 '3'을 입력하고 [확인] 버튼을 클릭합니다. 상위 3개 항목까지 셀 서식(진한 빨강 텍스트가 있는 연한 빨강 채우기)이 변경된 것을 확인할 수 있습니다.

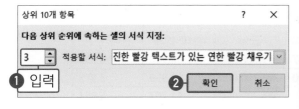

	A	B	C	D	E	F	G
1	2024년 지점별 상/하반기 매출 현황						
2							
3	지점	이월금	상반기 매출	하반기 매출	매출 합계	매출 평균	
4	마포점	300	1100	1600	2700	1350	
5	군자점	500	1950	2500	4450	2225	
6	용산점	800	1000	2000	3000	1500	
7	양천점		800	1500	2300	1150	
8	구로점	450	2500	2300	4800	2400	
9	신사점		1500	1350	2850	1425	
10	목동점	750	1200	1300	2500	1250	
11							

03 빠른 실행 도구 모음의 🖫(저장)을 클릭하여 파일 이름을 '매출 현황'으로 저장합니다.

응용력 키우기

01 새 통합 문서를 생성한 후 다음처럼 입력하고 셀 서식을 적용해 봅니다.

	A	B	C	D	E	F	G
1	2024년 개인별 판매실적						
2	이름	지역	상반기 판매	하반기 판매	급여	판매 합계	판매 평균
3	장정은	강남지점	5333	6777	5700000		
4	김현경	강북지점	2950	5000	3700000		
5	신규화	강서지점	7588	4119	5200000		
6	이태건	강동지점	5555	2660	3800000		
7	장석훈	대전지점	7199	4376	4500000		
8							
9	최대 급여		최소 급여		지점의 수		
10							

02 문제 **01**의 파일에서 함수와 표시 형식, 조건부 서식을 이용하여 다음과 같이 작업한 후 '판매실적.xlsx'로 저장해 봅니다.

- [F3:G7] 영역, [A10], [C10], [E10] 셀 : 함수 이용(SUM, AVERAGE, MAX, MIN, COUNTA)
- [E3:E7] 영역, [A10], [C10] 셀 : '회계 표시 형식(🖫)' 설정
- [C3:D7], [F3:G7] 영역 : '쉼표 스타일(🖊)' 설정
- [E3:E7] 영역 : 조건부 서식의 상위/하위 규칙을 사용하여 상위 3개의 항목에 연한 빨강 채우기

	A	B	C	D	E	F	G
1	2024년 개인별 판매실적						
2	이름	지역	상반기 판매	하반기 판매	급여	판매 합계	판매 평균
3	장정은	강남지점	5,333	6,777	₩5,700,000	12,110	6,055
4	김현경	강북지점	2,950	5,000	₩3,700,000	7,950	3,975
5	신규화	강서지점	7,588	4,119	₩5,200,000	11,707	5,854
6	이태건	강동지점	5,555	2,660	₩3,800,000	8,215	4,108
7	장석훈	대전지점	7,199	4,376	₩4,500,000	11,575	5,788
8							
9	최대 급여		최소 급여		지점의 수		
10	₩5,700,000		₩3,700,000		5		

힌트 조건부 서식 : [홈] 탭-[스타일] 그룹-[조건부 서식]에서 [상위/하위 규칙]-[상위 10개 항목] 선택 → [상위 10개 항목] 대화상자에서 '3'을 입력하고, [적용할 서식]을 '연한 빨강 채우기'로 선택

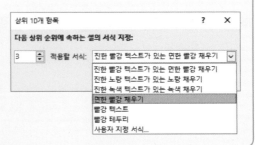

08 성적 자료 만들기

- LARGE 함수
- RANK 함수
- IF 함수

- COUNTIF 함수
- 서식 복사
- & 연결 연산자

미·리·보·기

완성파일 : 성적표(완성).xlsx

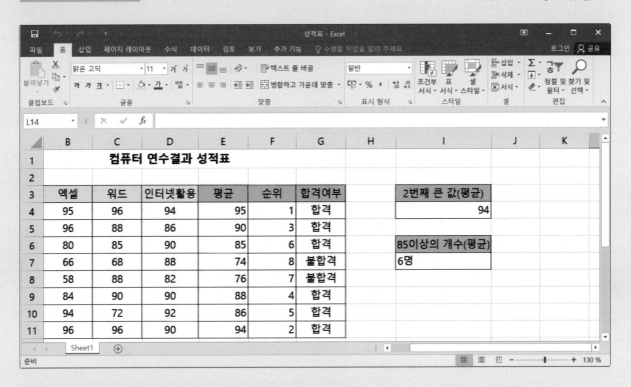

이번 장에서는 '함수 마법사'를 이용하는 방법을 통해 좀 더 다양한 함수들에 대해 알아보

고, '서식 복사'를 통해 빠르게 동일한 서식을 적용하는 방법에 대해서도 살펴보겠습니다.

▶ 함수 마법사 사용 방법

① 1단계 : [수식] 탭-[함수 라이브러리] 그룹-[함수 삽입]을 클릭하거나 수식 입력줄 옆의 ⨍(함수 삽입)을 클릭합니다.

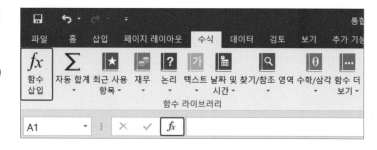

② 2단계 : [함수 선택] 목록에서 함수를 선택한 후 [확인] 버튼을 클릭합니다. 하단에 선택한 함수의 구성과 간단한 설명이 표시됩니다.

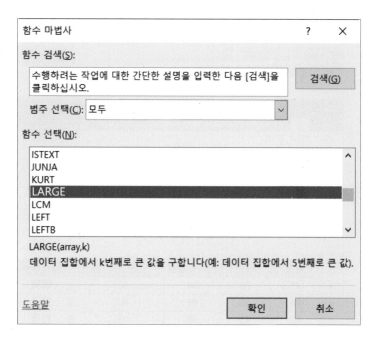

③ 3단계 : [함수 인수] 대화상자에서 필요한 인수를 지정하고 [확인] 버튼을 클릭합니다. 인수의 입력 상자를 클릭하면 하단에 선택한 인수에 대한 설명이 표시됩니다.

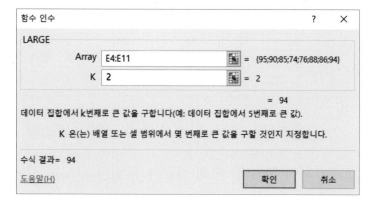

▶ 함수 살펴보기

① LARGE 함수와 SMALL 함수

함수 라이브러리	함수 형식	설명
통계	= LARGE(범위, K)	범위(Array)에서 K번째로 큰 값을 구함
통계	= SMALL(범위, K)	범위(Array)에서 K번째로 작은 값을 구함

예

▲ 범위 중 2번째 큰 값을 구함   ▲ 범위 중 2번째 작은 값을 구함

② RANK 함수

함수 라이브러리	함수 형식	설명
통계	=RANK(순위를 구하려는 셀, 참조 범위, 순위 결정 방법)	순위 결정 방법을 '0'으로 설정하거나 생략하면 내림차순(큰 값이 1)으로 순위를 지정하고, 0이 아닌 값을 입력하면 오름차순(작은 값이 1)으로 순위를 지정함

예

▲ 순위 결정 방법이 생략된 경우이므로 큰 값을 1로 표시함   ▲ 순위 결정 방법이 0이 아닌 1이므로 기록이 작은 값을 1로 표시함

③ IF 함수

함수 라이브러리	함수 형식	설명
논리	= IF(조건식, 값1, 값2)	조건식이 참이면 값1, 거짓이면 값2를 반환함

예

	A	B	C	D	E	F	G
				fx	=IF(B2>80,"합격","불합격")		
1	성명	국어		평가			
2	갑돌이	70		불합격			
3	갑순이	95					
4	돌쇠	90					
5	아무개	85					

▲ [B2] 셀이 80보다 큰 값인지 판단하고 맞으면 '합격', 틀리면 '불합격'으로 표시함

139

▶ 데이터 입력하기

01 엑셀을 실행한 후 [새 통합 문서]를 클릭합니다. 새 통합 문서에 다음처럼 데이터를 **입력**하고 셀 서식을 적용합니다.

	A	B	C	D	E	F	G	H	I
1	컴퓨터 연수결과 성적표								
2									
3	성명	엑셀	워드	인터넷활용	평균	순위	합격여부		2번째 큰 값(평균)
4	김동준	95	96	94					
5	김성수	96	88	86					
6	김희준	80	85	90					
7	나문경	66	68	88					
8	노성은	58	88	82					
9	마동탁	84	90	90					
10	박철수	94	72	92					
11	장하나	96	96	90					

 제공하는 [준비파일] 폴더의 '성적표.xlsx' 파일을 불러와 다음 작업을 진행해도 됩니다.

02 [E4] 셀을 클릭하고, [수식] 탭-[함수 라이브러리] 그룹-[자동 합계(자동 합계)]에서 [평균]을 선택합니다. AVERAGE 함수가 호출되면 [B4:D4] 영역으로 범위를 설정한 후 Enter 키를 누릅니다. [E4] 셀을 클릭한 후 [E4] 셀의 ■(채우기 핸들)을 [E11] 셀까지 드래그합니다. 다음과 같이 수강 과목의 평균 점수가 구해진 것을 확인할 수 있습니다.

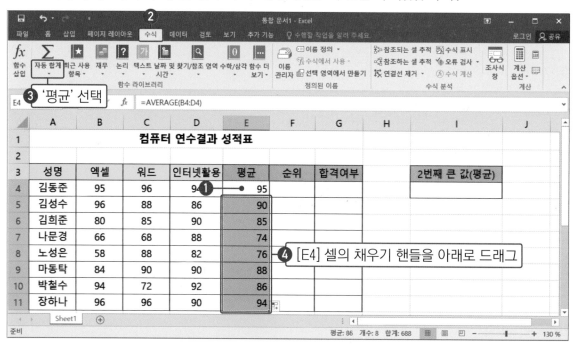

▶ LARGE 함수로 원하는 순서의 값 찾기

01 '평균'의 값 중 2번째로 큰 값을 구하기 위해 먼저 수식을 작성할 [I4] 셀을 클릭합니다. 함수를 불러오기 위해 [수식] 탭-[함수 라이브러리] 그룹-[함수 삽입]을 클릭합니다.

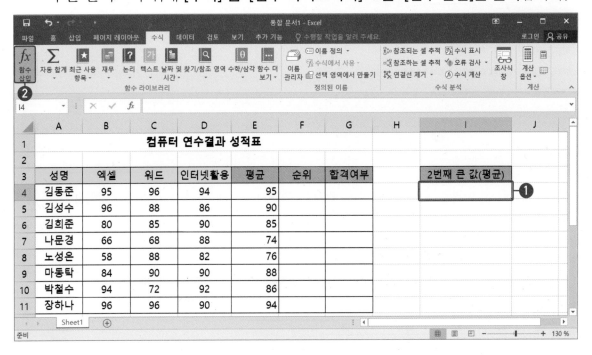

02 [함수 마법사] 대화상자가 나타나면 [범주 선택]은 '모두'로 설정하고, [함수 선택] 목록에서 'LARGE'를 찾아 선택한 후 [확인] 버튼을 클릭합니다.

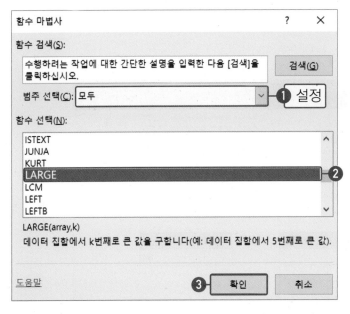

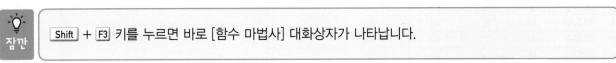

Shift + F3 키를 누르면 바로 [함수 마법사] 대화상자가 나타납니다.

03 [함수 인수] 대화상자가 나타나면 [Array]에는 값을 가져올 데이터 범위인 'E4:E11'을 입력하고, [K]에는 '2'를 입력한 후 [확인] 버튼을 클릭합니다.

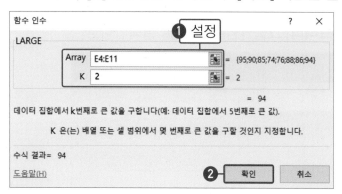

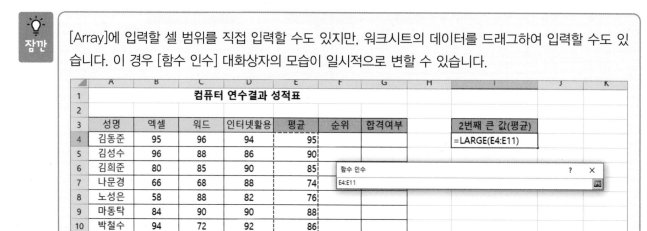

[Array]에 입력할 셀 범위를 직접 입력할 수도 있지만, 워크시트의 데이터를 드래그하여 입력할 수도 있습니다. 이 경우 [함수 인수] 대화상자의 모습이 일시적으로 변할 수 있습니다.

04 2번째로 큰 평균 값을 확인할 수 있습니다.

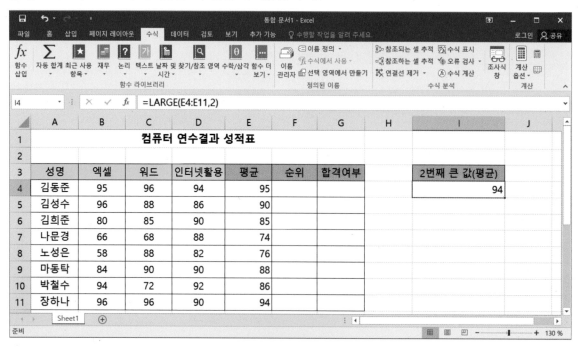

▶ RANK 함수로 순위 구하기

01 '평균'의 값을 기준으로 순위를 구하기 위해 [F4] 셀을 클릭한 후 [수식] 탭-[함수 라이브러리] 그룹-[함수 삽입]을 클릭합니다.

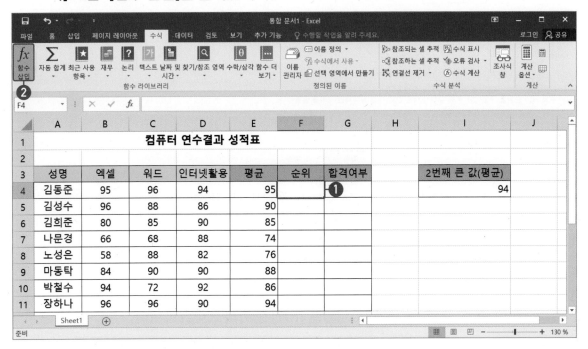

02 [함수 마법사] 대화상자가 나타나면 [범주 선택]은 '모두'로 설정하고, [함수 선택] 목록에서 'RANK'를 찾아 선택한 후 [확인] 버튼을 클릭합니다.

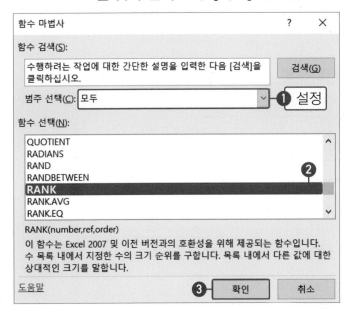

03 [함수 인수] 대화상자가 나타나면 [Number]에는 'E4'를 입력하고, [Ref]에는 '$E$4:$E$11'을 입력한 후 [확인] 버튼을 클릭합니다.

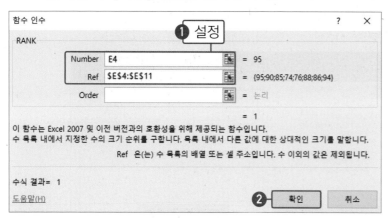

[Ref]에 입력하는 범위를 드래그하여 입력한 경우 F4 키를 누르면 쉽게 절대 참조 형태를 취할 수 있습니다.

04 결과가 표시되면 [F4] 셀의 ▓(채우기 핸들)을 [F11] 셀까지 드래그합니다.

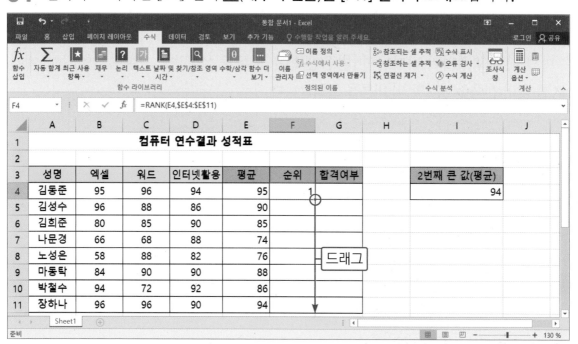

05 다음과 같이 순위를 확인할 수 있습니다.

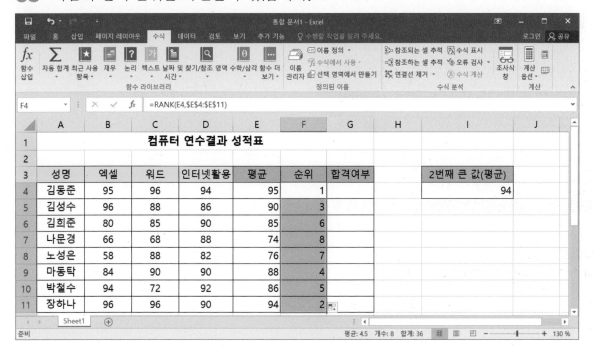

▶ IF 함수로 합격 여부 표시하기

01 '평균'의 값이 80점 이상인 사람만 '합격'으로 표시하고, 나머지 사람은 '불합격'으로 표시하기 위해 [G4] 셀을 클릭한 후 [수식] 탭-[함수 라이브러리] 그룹-[함수 삽입]을 클릭합니다.

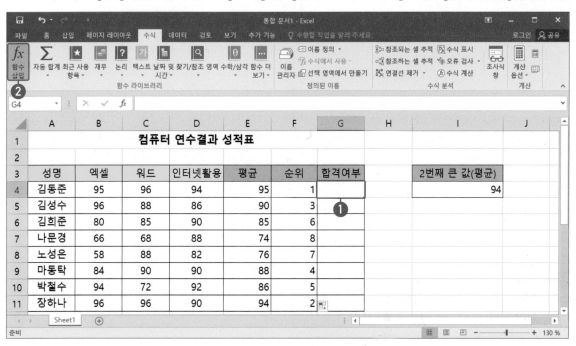

02 [함수 마법사] 대화상자가 나타나면 [범주 선택]은 '모두'로 설정하고, [함수 선택] 목록에서
'IF'를 찾아 선택한 후 [확인] 버튼을 클릭합니다.

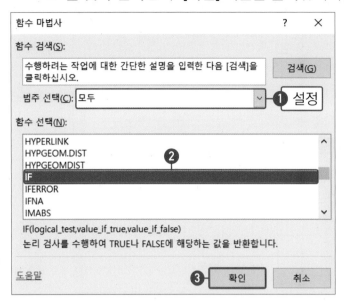

 함수는 [수식] 탭–[함수 라이브러리] 그룹에 범주
별로 제공하고 있습니다. 함수의 범주를 알고 있
다면 [함수 마법사]를 통하지 않고도 [함수 인수]
대화상자를 불러올 수 있습니다.

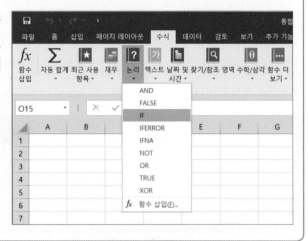

03 [함수 인수] 대화상자가 나타나면 [Logical_test]에는 'E4>=80'을 입력하고, [Value_if_true]에
는 '합격', [Value_if_false]에는 '불합격'을 입력한 후 [확인] 버튼을 클릭합니다.

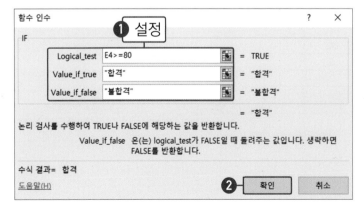

04 결과가 표시되면 [G4] 셀의 ■(채우기 핸들)을 [G11] 셀까지 드래그합니다.

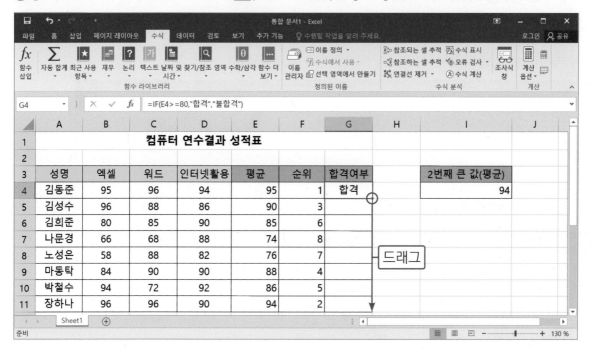

05 다음과 같이 합격 여부를 확인할 수 있습니다.

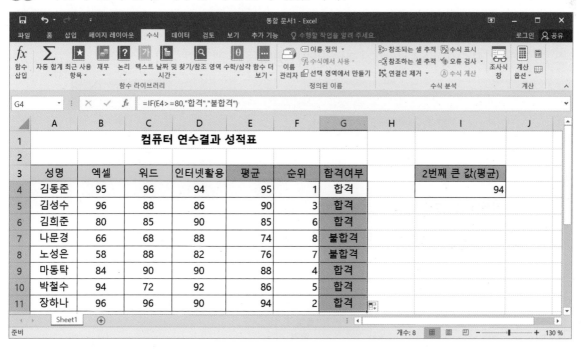

▶ 서식 복사를 활용하여 꾸미기

01 서식을 복사하기 위해 서식이 꾸며져 있는 [I3:I4] 영역을 선택한 후 [홈] 탭-[클립보드] 그룹-[서식 복사(🖌)]를 클릭합니다.

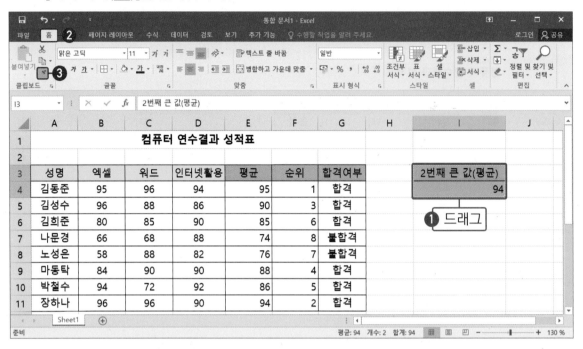

02 마우스 포인터의 모습이 ➕🖌로 변경되면 [I6:I7] 영역을 드래그합니다.

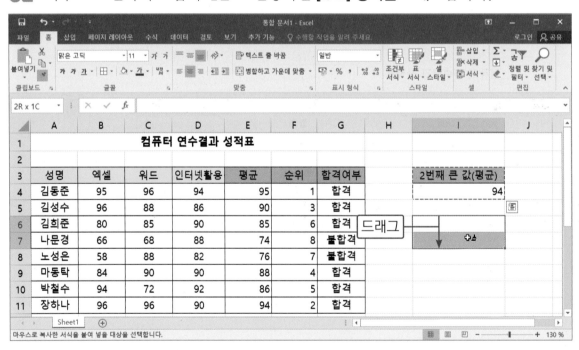

03 서식이 복사된 것을 확인할 수 있습니다. [I6] 셀에 '85이상의 개수(평균)'이라고 입력합니다.

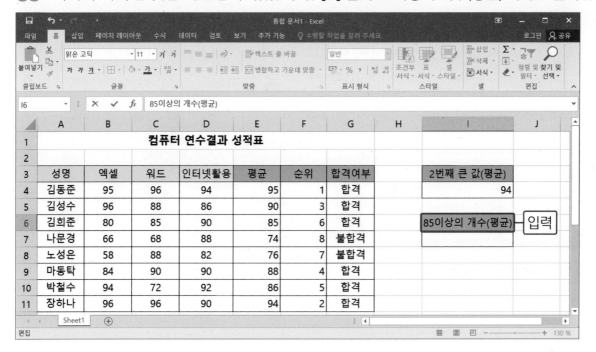

▶ COUNTIF로 기준점 이상인 사람의 수 계산하기

01 이번에는 '평균'의 값이 85점 이상인 사람이 몇 명인지를 구하기 위해 [I7] 셀을 선택하고 [수식] 탭-[함수 라이브러리] 그룹-[함수 삽입]을 클릭합니다.

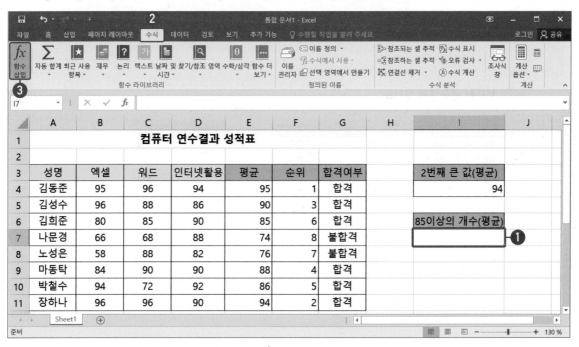

02 [함수 마법사] 대화상자가 나타나면 [범주 선택]은 '모두'로 설정하고, [함수 선택] 목록에서 'COUNTIF'를 찾아 선택한 후 [확인] 버튼을 클릭합니다. [함수 인수] 대화상자가 나타나면 [Range]에는 'E4:E11'을 입력하고, [Criteria]에는 '>=85'를 입력한 후 [확인] 버튼을 클릭합니다.

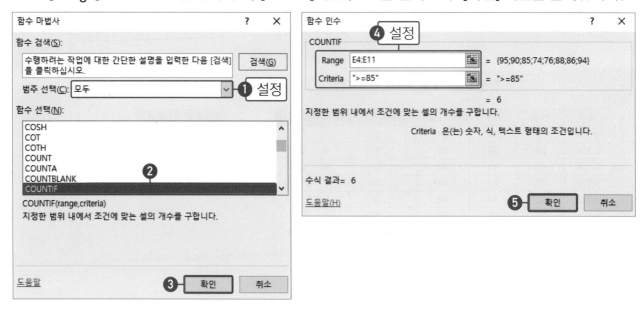

03 결과가 나타납니다.

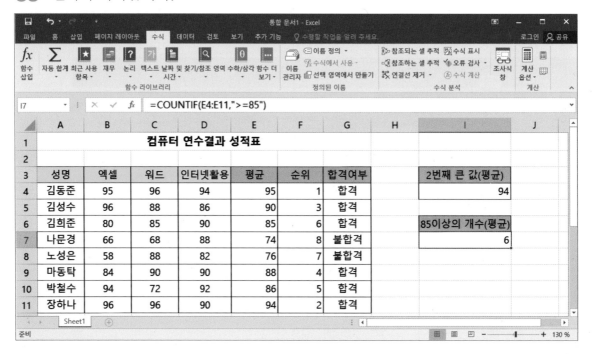

▶ & 연결 연산자를 활용하여 표시하기

01 수식 입력줄에 입력되어 있는 '=COUNTIF(E4:E11,">=85")'의 뒤쪽 끝을 클릭하여 **커서**를 **표시한 후 '&"명" '을 입력**합니다.

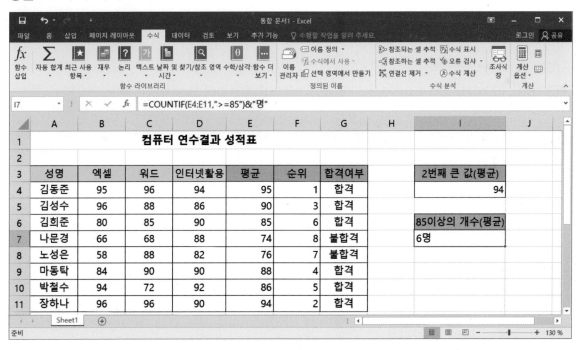

02 결과가 나타납니다.

03 빠른 실행 도구 모음의 **(저장)을 클릭**하여 파일 이름을 '**성적표**'로 **저장**합니다.

응용력 키우기

01 새 통합 문서를 생성한 후 다음처럼 입력하고 셀 서식을 적용해 봅니다.

	A	B	C	D	E	F	G	H
1			다이어트 식단표					
2	메뉴	칼로리	가격	칼로리 순위	다이어트 메뉴		3번째 높은 가격	
3	공기밥	280	1000					
4	비빔냉면	578	8000					
5	닭가슴살	150	3500				2번째로 낮은 칼로리	
6	계란	80	7000					
7	참치김밥	350	4000					
8	짜장밥	740	7500				300칼로리 이상 개수	
9	갈비찜	290	12000					
10	연어구이	150	7000					
11	우유	120	1500					

02 문제 **01**의 파일을 함수와 조건부 서식을 이용하여 다음과 같이 작성한 후 '칼로리 식단표.xlsx'로 저장해 봅니다.

- **[D3:D11] 영역** : 칼로리의 순위를 많은 순서부터 구하기(Rank 함수), 연결 연산자를 이용하여 "위" 표시하기(예 3 → 3위)
- **[E3:E11] 영역** : 칼로리가 300 이상이면 'X', 그렇지 않은 경우는 'O'로 표시하기(IF 함수)
- **[G3] 셀** : 3번째 높은 가격 구하기(LARGE 함수)
- **[G6] 셀** : 2번째 낮은 칼로리 구하기(SMALL 함수)
- **[G9] 셀** : 300칼로리 이상 되는 개수 구하기(COUNTIF 함수)
- **[B3:B11], [C3:C11] 영역** : 조건부 서식의 데이터 막대를 사용하여 표시(녹색, 주황)

	A	B	C	D	E	F	G	H
1			다이어트 식단표					
2	메뉴	칼로리	가격	칼로리 순위	다이어트 메뉴		3번째 높은 가격	
3	공기밥	280	1000	5위	O		7500	
4	비빔냉면	578	8000	2위	X			
5	닭가슴살	150	3500	6위	O		2번째로 낮은 칼로리	
6	계란	80	7000	9위	O		120	
7	참치김밥	350	4000	3위	X			
8	짜장밥	740	7500	1위	X		300칼로리 이상 개수	
9	갈비찜	290	12000	4위	O		3	
10	연어구이	150	7000	6위	O			
11	우유	120	1500	8위	O			

힌트

- 칼로리 순위 : =RANK(B3,$B$3:$B$11)&"위"
- 다이어트 메뉴 : =IF(B3>=300,"X","O")
- 데이터 막대 : 셀 범위 지정 → [홈] 탭–[스타일] 그룹–[조건부 서식]의 [데이터 막대]에서 [그라데이션 채우기] 목록 중 선택

09 자료 분석하기

- 오름차순 정렬
- 내림차순 정렬
- 정렬

- 부분합
- 윤곽 지우기
- 자동 필터

📁 준비파일 : 수입차.xlsx, 판매현황.xlsx
📁 완성파일 : 수입차(완성).xlsx, 판매현황(완성).xlsx

미/리/보/기

	A	B	C	D	E	F	G
1				수입차 선호도			
2							
3	고객	성별	연령	연령대	수입차	신차 가격	중고차 가격
4	A102	남	33	30대	아우디	₩ 4,800	₩ 3,500
5	A104	남	45	40대	BMW	₩ 6,100	₩ 5,100
6	B104	남	49	40대	BMW	₩ 5,800	₩ 4,500
7	B103	남	55	50대	벤츠	₩ 12,500	₩ 9,000
8	B101	남	56	50대	BMW	₩ 6,800	₩ 5,500
9		남 최소값					₩ 3,500
10		남 평균				₩ 7,200	
11	A101	여	38	30대	아우디	₩ 5,200	₩ 3,800
12	A103	여	48	40대	아우디	₩ 6,200	₩ 5,200
13	B102	여	59	50대	벤츠	₩ 7,800	₩ 6,000
14		여 최소값					₩ 3,800
15		여 평균				₩ 6,400	
16		전체 최소값					₩ 3,500
17		전체 평균				₩ 6,900	

◀ 예제-1

	A	B	C	D	E	F	G	H
1				과일 판매현황				
2								
3	거래번호	거래처	품목	매입가	판매가	판매량	판매이익금	
4	7-101	화평청과	사과	2,520	3,300	250	195,000	
10	7-107	풍년과일	사과	2,820	3,650	330	273,900	
11								

◀ 예제-2

엑셀의 작업 공간은 넓기 때문에 많은 데이터를 입력하여 보관할 수 있습니다. 이 경우 데이터를 원하는 순서대로 정리한다거나 원하는 조건만 골라서 정리하는 것은 쉽지 않습니다. 이번 장에서는 데이터를 정렬하고 부분합으로 계산하는 방법과 자동 필터를 사용하여 일정한 조건에 해당하는 데이터만 표시하는 방법에 대하여 알아보겠습니다.

정렬, 부분합, 자동 필터로 데이터 분석하기

▶ 정렬 관련 기능 살펴보기

- 정렬은 일정 기준에 맞추어 재배열, 재배치하는 것을 말합니다.

- 작은 값에서 큰 값으로 배치하는 것을 '오름차순' 정렬이라고 하며, 반대 경우의 정렬을 '내림차순' 정렬이라고 합니다.

예

숫자	영문	한글
1	A	ㄱ
2	B	ㄴ
3	C	ㄷ
4	D	ㄹ
5	E	ㅁ

▲ 오름차순 정렬

숫자	영문	한글
5	E	ㅁ
4	D	ㄹ
3	C	ㄷ
2	B	ㄴ
1	A	ㄱ

▲ 내림차순 정렬

- [데이터] 탭-[정렬 및 필터] 그룹의 [텍스트 오름차순 정렬(릿)]과 [텍스트 내림차순 정렬(릿)]은 하나의 열을 기준으로 정렬하기 때문에 정렬을 원하는 열 중에 한 셀을 선택한 후 명령을 실행하면 선택한 열이 정렬되며, 전체가 영향을 받아 재배치됩니다.

- 작업할 데이터가 있는 범위 안에서 임의의 셀을 선택한 후 [데이터] 탭-[정렬 및 필터] 그룹-[정렬]을 클릭하면 [정렬] 대화상자가 나타납니다. [정렬 기준]에서 정렬 대상인 필드명과 값이나 셀 색 등의 정렬 기준을 선택하고 오름차순 또는 내림차순을 지정하여 정렬할 수 있습니다. [기준 추가] 버튼을 클릭하여 여러 개의 기준으로 정렬할 수도 있습니다.

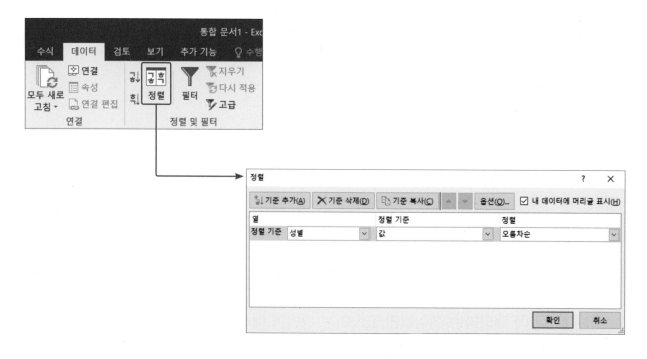

▶ 부분합 관련 기능 살펴보기

- 특정한 필드를 기준으로 데이터를 분류하여 각 부분별로 필요한 계산을 할 수 있는 기능입니다. 부분합을 계산하기 전에 먼저 정렬을 해야 합니다.
- 부분합은 작업할 데이터가 있는 범위 안에서 임의의 셀을 선택한 후, [데이터] 탭-[윤곽선] 그룹-[부분합]을 클릭하여 나타나는 [부분합] 대화상자에서 설정합니다.

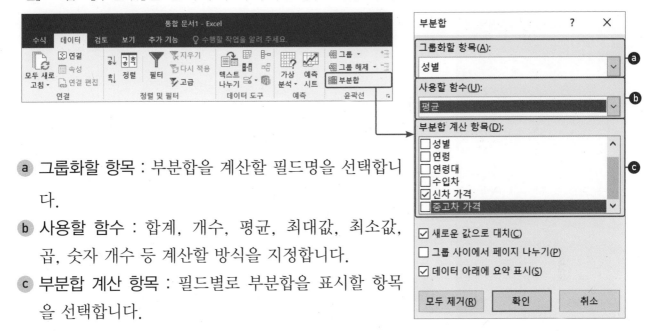

- ⓐ **그룹화할 항목** : 부분합을 계산할 필드명을 선택합니다.
- ⓑ **사용할 함수** : 합계, 개수, 평균, 최대값, 최소값, 곱, 숫자 개수 등 계산할 방식을 지정합니다.
- ⓒ **부분합 계산 항목** : 필드별로 부분합을 표시할 항목을 선택합니다.

- 부분합을 제거하고 싶다면 [부분합] 대화상자의 [모두 제거] 버튼을 클릭합니다.

▶ 필터 관련 기능 살펴보기

- 필터는 특정 조건에 만족하는 데이터만을 추출하여 표시하는 기능으로, 자동 필터와 고급 필터가 있습니다. 이번 장에서는 자동 필터에 대해서만 살펴봅니다.
- 자동 필터는 작업할 데이터가 있는 범위 안에서 임의의 셀을 선택한 후 [데이터] 탭-[정렬 및 필터] 그룹-[필터]를 클릭해 설정합니다.
- 자동 필터가 적용되면 필드명에 ▼가 생성됩니다. ▼를 클릭하여 데이터를 선택하면 간단하게 데이터를 필터링하여 표시할 수 있습니다. 필터링되면 ▼ 모양으로 변경됩니다.

예

	A	B	C	D	E	F	G
1				과일 판매현황			
2							
3	거래번호	거래처	품목 ▼	매입가	판매가	판매량	판매이익
4	7-101	화평청과	사과	2,520	3,300	250	195,000
10	7-107	풍년과일	사과	2,820	3,650	330	273,900
11							

- 자동 필터를 제거하여 원래의 데이터로 표시하고 싶으면 [데이터] 탭-[정렬 및 필터] 그룹-[필터]를 다시 클릭합니다.

155

선호도 조사 분석 자료 만들기

▶ 오름차순 정렬과 내림차순 정렬로 자료 살펴보기

01 엑셀을 실행한 후 [다른 통합 문서 열기]를 클릭합니다.

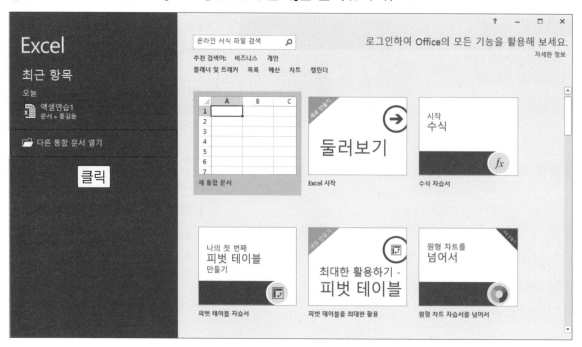

02 [열기] 화면이 나타나면 [찾아보기]를 클릭합니다. [열기] 대화상자가 나타나면 '**수입차.xlsx**' 파일을 찾아 선택한 후 [열기] 버튼을 클릭합니다.

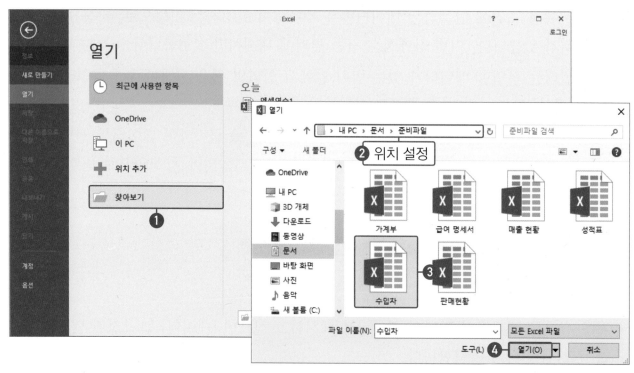

03 연령별 오름차순으로 데이터를 정렬하기 위해 [C3] 셀을 선택하고 [데이터] 탭-[정렬 및 필터] 그룹-[텍스트 오름차순 정렬(흭↓)]을 클릭합니다.

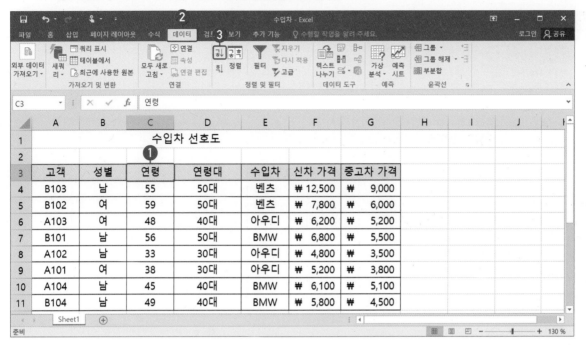

04 선택한 열의 데이터가 오름차순(작은 값 → 큰 값)으로 정렬되었습니다. 다른 데이터도 따라서 변경된 것을 확인할 수 있습니다.

05 연령별 내림차순으로 데이터를 정렬하기 위해 [C3] 셀이 선택되어 있는 상태에서 [데이터] 탭-[정렬 및 필터] 그룹-[텍스트 내림차순 정렬(흭↓)]을 클릭합니다.

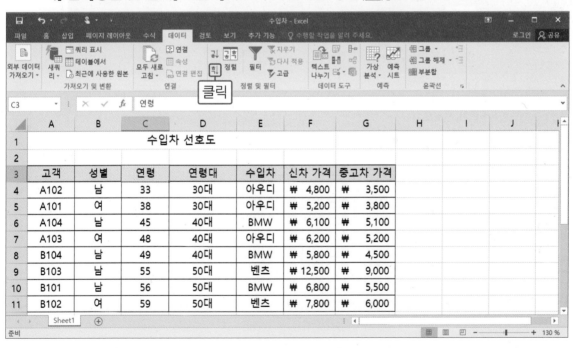

 위 실습에서 3행의 셀들은 정렬 시 필드명(머리글)으로 인식되어 변경되지 않습니다.

06 선택한 열의 데이터가 내림차순(큰 값 → 작은 값)으로 정렬되었습니다. 다른 데이터도 따라서 변경된 것을 확인할 수 있습니다.

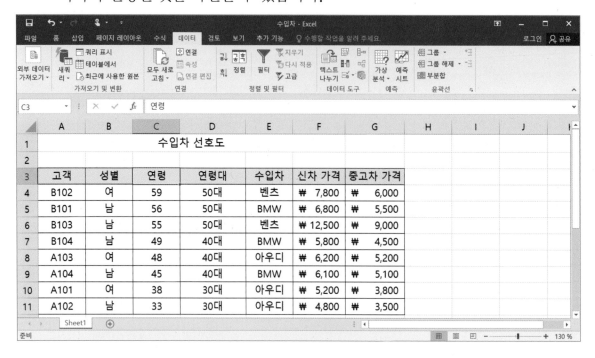

▶ 여러 개의 기준을 사용하여 정렬하기

01 성별로 오름차순 정렬을 한 후, 동일한 데이터로 연령별 오름차순 정렬을 해 보겠습니다. 작업할 데이터가 있는 범위 안에서 임의의 셀을 선택(여기서는 [A3] 셀)한 후 [데이터] 탭-[정렬 및 필터] 그룹-[정렬]을 클릭합니다.

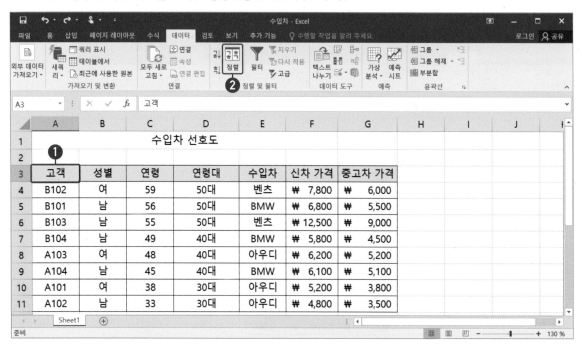

02 [정렬] 대화상자가 나타나면 '내 데이터에 머리글 표시'가 체크되어 있는지 확인하고, [정렬 기준]을 '성별', '값', '오름차순'으로 설정합니다.

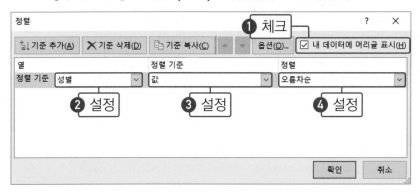

03 [기준 추가] 버튼을 클릭하고, [다음 기준]을 '연령', '값', '오름차순'으로 설정한 후 [확인] 버튼을 클릭합니다.

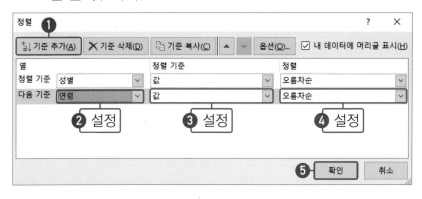

04 '성별'을 기준으로 정렬된 후 '연령'을 기준으로 정렬된 것을 확인할 수 있습니다.

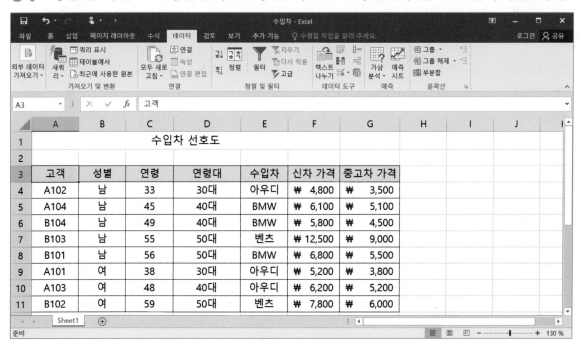

▶ 부분합 계산하기

01 부분합을 설정하기 위해 작업할 데이터가 있는 범위 안에 임의의 셀이 선택(여기서는 [A3] 셀)되어 있는 상태에서 **[데이터] 탭-[윤곽선] 그룹-[부분합]**을 클릭합니다.

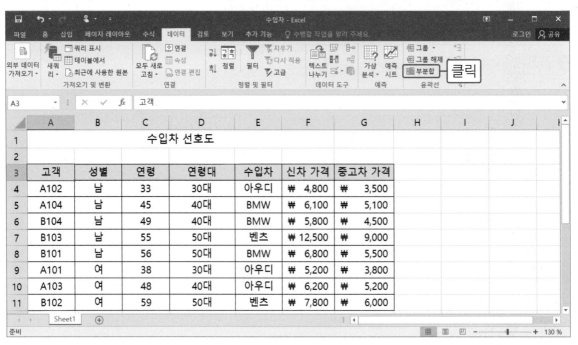

02 [부분합] 대화상자가 나타나면 [그룹화할 항목]은 '성별', [사용할 함수]는 '평균'으로 설정합니다. [부분합 계산 항목]에서 '신차 가격'은 체크하고, '중고차 가격'은 체크를 해제한 후 [확인] 버튼을 클릭합니다.

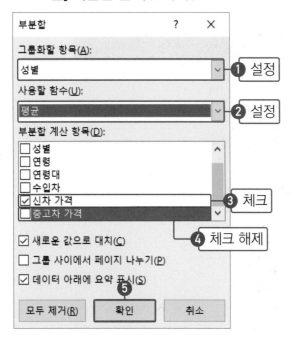

03 성별 선호도에 따른 신차 가격의 평균을 확인할 수 있습니다.

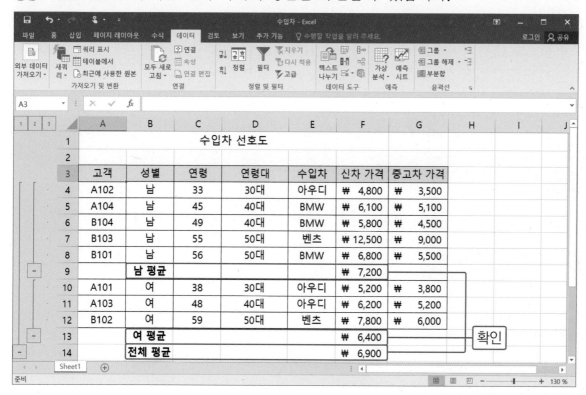

04 부분합을 추가하기 위해 다시 [데이터] 탭-[윤곽선] 그룹-[부분합]을 클릭합니다.

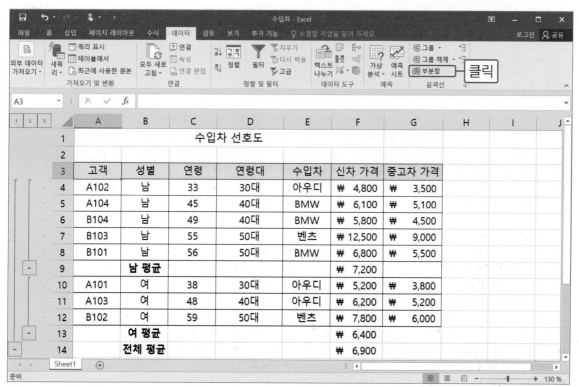

 왼쪽의 윤곽 기호 ─와 ➕를 활용하여 수준별로 데이터를 확인할 수 있습니다. ─를 클릭하면 데이터가 숨겨지고 ➕로 변경됩니다. ➕를 클릭하면 숨겨져 있던 데이터가 표시되고 ─로 변경됩니다.

05 [부분합] 대화상자가 나타나면 [그룹화할 항목]은 '성별', [사용할 함수]는 '최소값'으로 설정한 후, [부분합 계산 항목]에서 '신차 가격'은 체크를 해제하고, '중고차 가격'은 체크합니다. '새로운 값으로 대치'의 체크를 해제한 후 [확인] 버튼을 클릭합니다.

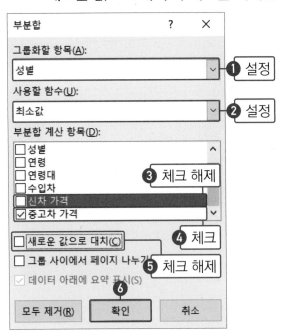

06 성별 선호도에 따른 중고차 가격의 최소값을 확인할 수 있습니다.

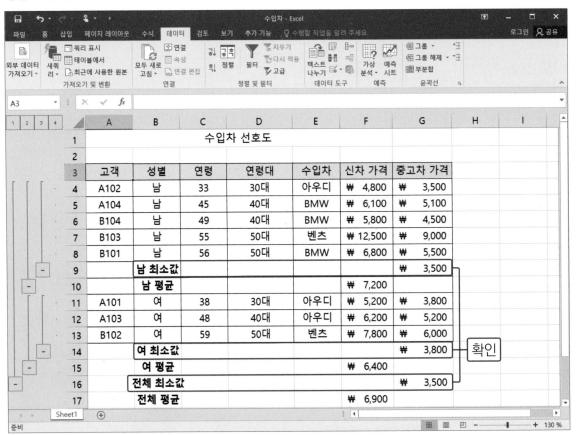

▸ 윤곽 지우기

01 [데이터] 탭–[윤곽선] 그룹에서 [그룹 해제(그룹 해제)]의 ▾를 클릭하고 [윤곽 지우기]를 선택합니다.

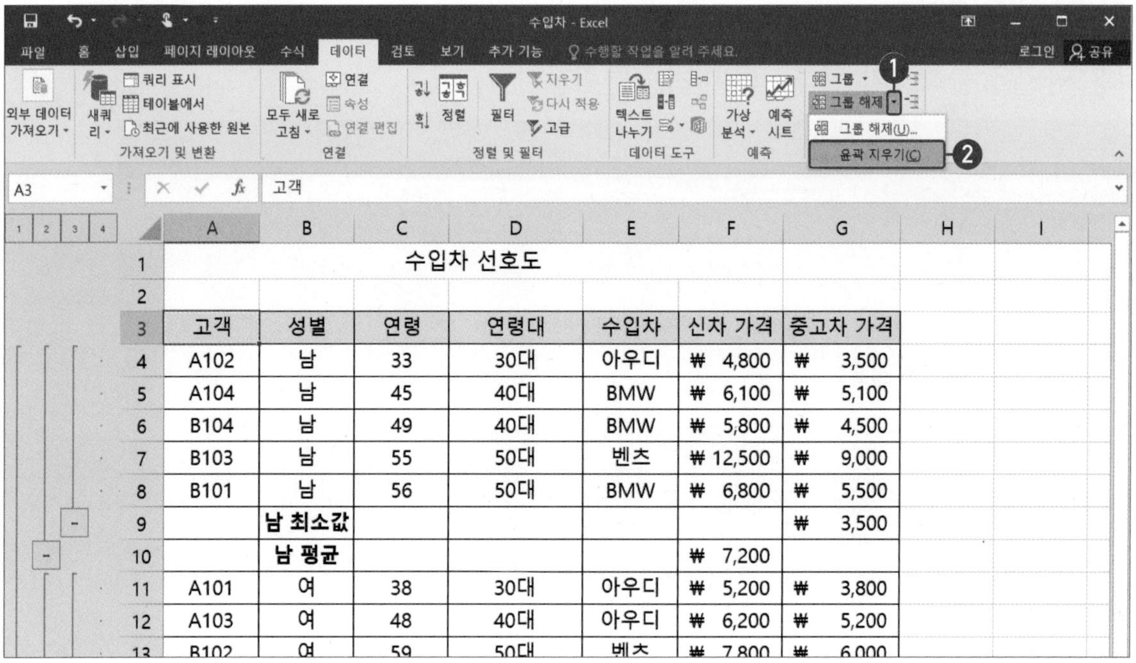

수입차 - Excel
파일
홈
삽입
페이지 레이아웃
수식
데이터
검토
보기
추가 기능
수행할 작업을 알려 주세요.
로그인
공유
외부 데이터 가져오기
새쿼리
쿼리 표시
테이블에서
최근에 사용한 원본
가져오기 및 변환
모두 새로 고침
연결
속성
연결 편집
정렬
필터
지우기
다시 적용
고급
정렬 및 필터
텍스트 나누기
데이터 도구
가상 분석
예측 시트
예측
그룹
그룹 해제
그룹 해제(U)...
윤곽 지우기(C)
1
2
A3
고객
수입차 선호도
고객
성별
연령
연령대
수입차
신차 가격
중고차 가격
A102 남 33 30대 아우디 ₩ 4,800 ₩ 3,500
A104 남 45 40대 BMW ₩ 6,100 ₩ 5,100
B104 남 49 40대 BMW ₩ 5,800 ₩ 4,500
B103 남 55 50대 벤츠 ₩ 12,500 ₩ 9,000
B101 남 56 50대 BMW ₩ 6,800 ₩ 5,500
남 최소값 ₩ 3,500
남 평균 ₩ 7,200
A101 여 38 30대 아우디 ₩ 5,200 ₩ 3,800
A103 여 48 40대 아우디 ₩ 6,200 ₩ 5,200

02 왼쪽의 윤곽이 지워진 것을 확인할 수 있습니다. 빠른 실행 도구 모음의 (저장)을 클릭하여 저장합니다.

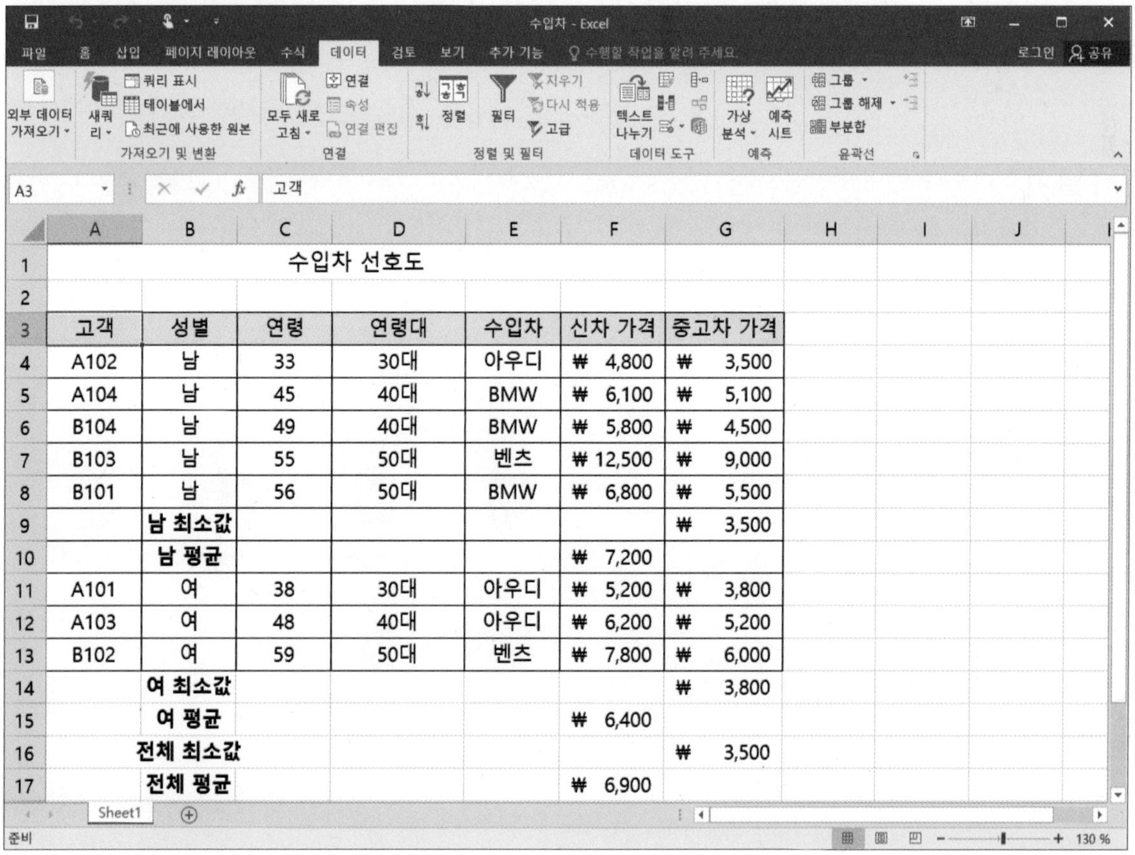

수입차 - Excel
파일
홈
삽입
페이지 레이아웃
수식
데이터
검토
보기
추가 기능
수행할 작업을 알려 주세요.
로그인
공유
그룹
그룹 해제
부분합
윤곽선
A3
고객
수입차 선호도
고객
성별
연령
연령대
수입차
신차 가격
중고차 가격
A102 남 33 30대 아우디 ₩ 4,800 ₩ 3,500
A104 남 45 40대 BMW ₩ 6,100 ₩ 5,100
B104 남 49 40대 BMW ₩ 5,800 ₩ 4,500
B103 남 55 50대 벤츠 ₩ 12,500 ₩ 9,000
B101 남 56 50대 BMW ₩ 6,800 ₩ 5,500
남 최소값 ₩ 3,500
남 평균 ₩ 7,200
A101 여 38 30대 아우디 ₩ 5,200 ₩ 3,800
A103 여 48 40대 아우디 ₩ 6,200 ₩ 5,200
B102 여 59 50대 벤츠 ₩ 7,800 ₩ 6,000
여 최소값 ₩ 3,800
여 평균 ₩ 6,400
전체 최소값 ₩ 3,500
전체 평균 ₩ 6,900
Sheet1
준비
130 %

판매 현황 분석 자료 만들기

▶ 자동 필터 설정하기

01 새로운 파일을 불러오기 위해 **[파일]** 탭을 클릭합니다.

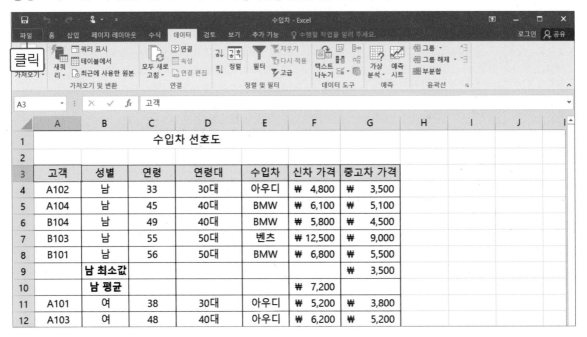

02 [열기]를 선택한 후 **[찾아보기]**를 클릭합니다. [열기] 대화상자가 나타나면 '판매현황.xlsx' 파일을 찾아 선택한 후 **[열기]** 버튼을 클릭합니다.

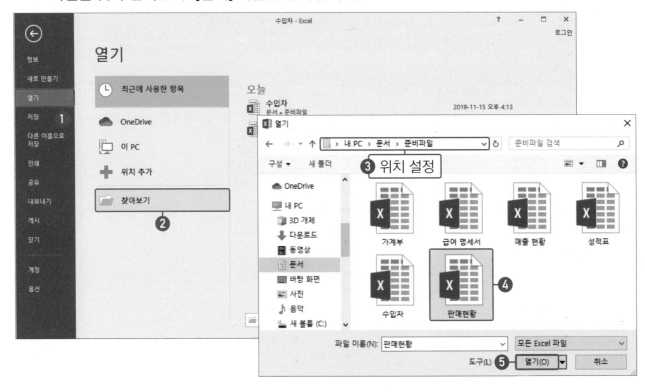

03 자동 필터를 설정하기 위해 작업할 데이터가 있는 범위 안에 **임의의 셀을 선택**(여기서는 [A3] 셀)한 후 [데이터] 탭-[정렬 및 필터] 그룹-[필터]를 클릭합니다.

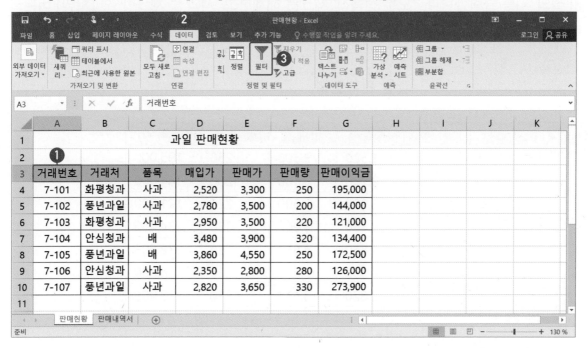

04 선택한 셀의 인근 데이터를 자동으로 범위 설정하여 자동 필터가 적용됩니다. 필드명에 ▼가 생성됩니다.

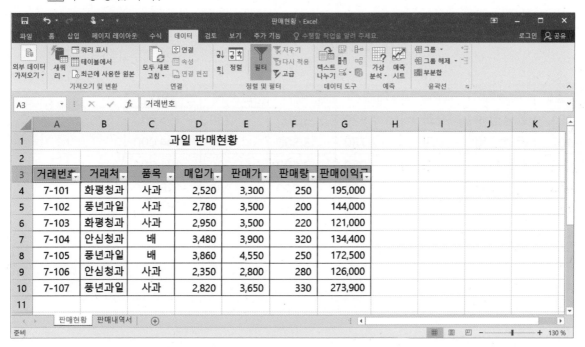

▶ 조건에 맞게 필터링하기

01 [C3] 셀의 ▾를 클릭합니다. '모두 선택'의 체크를 해제하고 '사과'를 체크한 후 [확인] 버튼을 클릭합니다.

	A	B	C	D	E	F	G	H
1			과일 판매현황					
2								
3	거래번▾	거래처▾	품목 ▾	매입가▾	판매가▾	판매량▾	판매이익▾	
4	텍스트 오름차순 정렬(S)		❶	2,520	3,300	250	195,000	
5	텍스트 내림차순 정렬(O)			2,780	3,500	200	144,000	
6	색 기준 정렬(T) ▸			2,950	3,500	220	121,000	
7	"품목"에서 필터 해제(C)			3,480	3,900	320	134,400	
8	색 기준 필터(I) ▸ 텍스트 필터(F) ▸			3,860	4,550	250	172,500	
9	검색 🔍			2,350	2,800	280	126,000	
10	▪(모두 선택) ❷ 체크 해제			2,820	3,650	330	273,900	
11	☐ 배 ☑ 사과 ❸ 체크							
	❹ 확인 취소							

준비

02 품목이 '사과'인 데이터만 표시됩니다. [C3] 셀의 ▾가 ▾로 변경됩니다.

	A	B	C	D	E	F	G	H
1			과일 판매현황					
2			확인					
3	거래번▾	거래처▾	품목 ▾	매입가▾	판매가▾	판매량▾	판매이익▾	
4	7-101	화평청과	사과	2,520	3,300	250	195,000	
5	7-102	풍년과일	사과	2,780	3,500	200	144,000	
6	7-103	화평청과	사과	2,950	3,500	220	121,000	
9	7-106	안심청과	사과	2,350	2,800	280	126,000	
10	7-107	풍년과일	사과	2,820	3,650	330	273,900	
11								
12								
13								

판매현황 판매내역서 ⊕

준비 7개 중 5개의 레코드가 있습니다.

 잠깐

[데이터] 탭-[정렬 및 필터] 그룹-[지우기]를 클릭하면 적용한 필터를 해제할 수 있습니다.

03 [G3] 셀의 ▾을 클릭하고 [숫자 필터]–[크거나 같음]을 선택합니다.

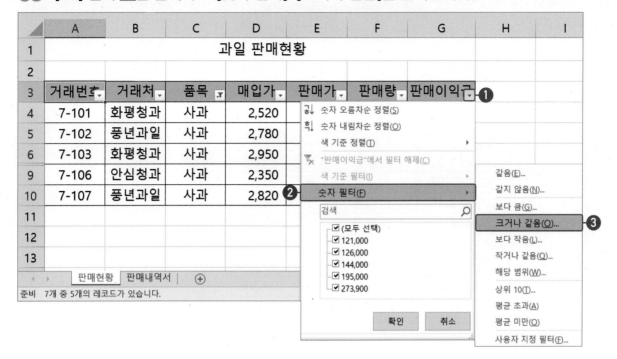

04 [사용자 지정 자동 필터] 대화상자가 나타나면 찾을 조건을 '150000'으로 입력하고 [확인] 버튼을 클릭합니다.

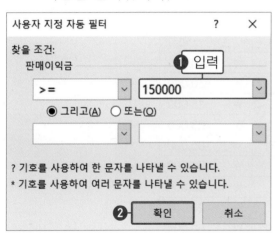

05 품목이 '사과'이면서 판매이익금이 '150000' 이상인 데이터만 표시됩니다.

	A	B	C	D	E	F	G	H
1				과일 판매현황				
2								
3	거래번호	거래처	품목	매입가	판매가	판매량	판매이익금	
4	7-101	화평청과	사과	2,520	3,300	250	195,000	
10	7-107	풍년과일	사과	2,820	3,650	330	273,900	
11								

06 빠른 실행 도구 모음의 🖫(저장)을 클릭하여 저장합니다.

01 새 통합 문서를 생성한 후 다음처럼 입력하고 셀 서식을 적용해 봅니다.

	A	B	C	D	E	F
1			동호회 회비			
2		납부일	성명	회비금액		
3		2023-01-05	김동준	₩ 20,000		
4		2023-02-07	임수환	₩ 20,000		
5		2023-03-19	장석훈	₩ 30,000		
6		2023-06-10	김동준	₩ 30,000		
7		2023-07-15	임수환	₩ 20,000		
8		2024-03-08	김동준	₩ 25,000		
9		2024-04-07	임수환	₩ 20,000		
10		2024-04-14	장석훈	₩ 30,000		
11		2024-08-12	김동준	₩ 25,000		

02 문제 **01**의 자료를 가지고 다음과 같은 부분합을 구한 후, '회비.xlsx'로 저장해 봅니다.

	A	B	C	D	E
1			동호회 회비		
2		납부일	성명	회비금액	
3		2023-01-05	김동준	₩ 20,000	
4		2023-06-10	김동준	₩ 30,000	
5		2024-03-08	김동준	₩ 25,000	
6		2024-08-12	김동준	₩ 25,000	
7			**김동준 요약**	₩ 100,000	
8		2023-02-07	임수환	₩ 20,000	
9		2023-07-15	임수환	₩ 20,000	
10		2024-04-07	임수환	₩ 20,000	
11			**임수환 요약**	₩ 60,000	
12		2023-03-19	장석훈	₩ 30,000	
13		2024-04-14	장석훈	₩ 30,000	
14			**장석훈 요약**	₩ 60,000	
15			**총합계**	₩ 220,000	

힌트

- 정렬 : 기준 '성명', 정렬 방식 '오름차순'
- 부분합 : 그룹화할 항목 '성명', 사용할 함수 '합계', 부분합 계산 항목 '회비금액'
- 부분합에서 사용할 함수를 '합계'로 지정한 경우, 결과에 '요약'으로 표시됩니다.

03 새 통합 문서를 생성한 후 다음처럼 입력하고 셀 서식을 적용해 봅니다.

	A	B	C	D	E	F	G
1		식자재 주문내역					
2		식품명	상세식품명	주문처	단위	수량	단가
3		생선	꽃게	A-마트	kg	20	₩ 22,000
4		생선	바지락	A-마트	kg	30	₩ 18,000
5		생선	쭈꾸미	오키마트	kg	12	₩ 20,000
6		채소	우엉	행복청과	근	10	₩ 3,000
7		채소	쑥	드림청과	근	15	₩ 4,000
8		과일	포도	드림청과	박스	15	₩ 18,000
9		과일	딸기	행복청과	박스	50	₩ 14,000
10		과일	한라봉	드림청과	박스	20	₩ 35,000
11		과일	매실	드림청과	kg	50	₩ 13,000

04 문제 **03**의 자료에서 식품명이 '과일'이고 단가가 '15000'원 이하인 자료만 필터한 후 '식자재.xlsx'로 저장해 봅니다.

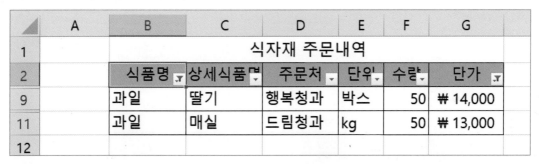

	A	B	C	D	E	F	G
1		식자재 주문내역					
2		식품명 ▾	상세식품명 ▾	주문처 ▾	단위 ▾	수량 ▾	단가 ▾
9		과일	딸기	행복청과	박스	50	₩ 14,000
11		과일	매실	드림청과	kg	50	₩ 13,000
12							

• 필터-1 : '식품명'의 ▾를 클릭 → '과일'만 체크 표시

• 필터-2 : '단가'의 ▾를 클릭 → [숫자 필터]-[작거나 같음] 선택 → [사용자 지정 자동 필터] 대화상자에서 '15000' 입력

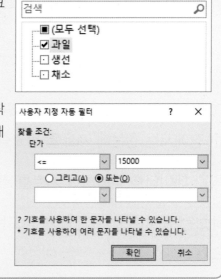

10 자료 비교하기

- 차트 작성
- 보조 축 추가
- 차트 종류 변경
- 축 단위 변경

- 데이터 레이블 추가
- 차트 제목
- 차트 서식
- 차트 이동

미/리/보/기

■ 완성파일 : 가계부(완성).xlsx

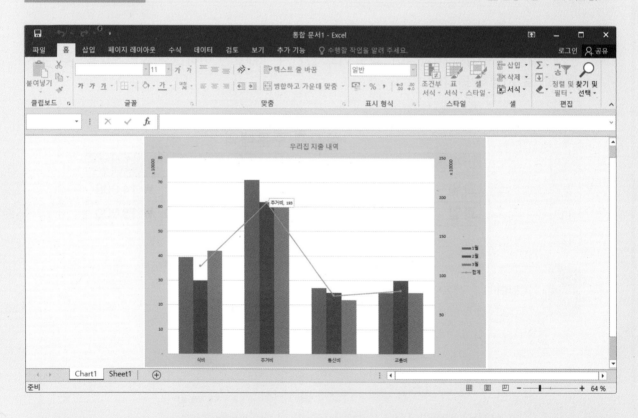

이번 장에서는 한눈에 자료를 비교할 수 있는 차트에 대하여 알아보겠습니다. 워크시트에 입력된 데이터를 이용하여 차트를 작성한 후 차트 종류를 변경하고 차트 요소를 추가, 변경해보는 등 차트를 보기 좋게 만드는 방법에 대해서도 알아봅니다.

▶ 차트의 구성

차트는 수치 데이터의 상호 관계 및 변화를 시각적으로 표현하여 비교하기 쉽도록 한 것입니다.

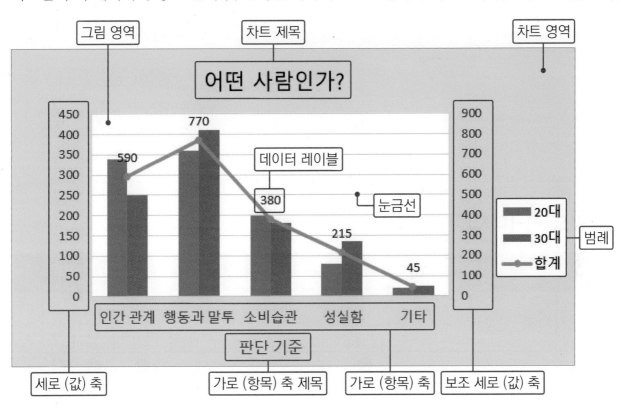

▶ 차트 삽입

[삽입] 탭-[차트] 그룹-[추천 차트]를 클릭하면 [차트 삽입] 대화상자가 나타납니다. [추천 차트] 탭에서는 선택한 데이터에 적합한 차트 목록을 제안합니다. [모든 차트] 탭에서는 직접 차트 종류별 하위 유형을 선택할 수 있습니다.

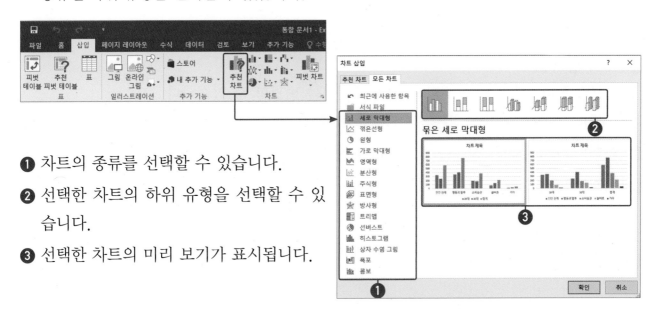

❶ 차트의 종류를 선택할 수 있습니다.

❷ 선택한 차트의 하위 유형을 선택할 수 있습니다.

❸ 선택한 차트의 미리 보기가 표시됩니다.

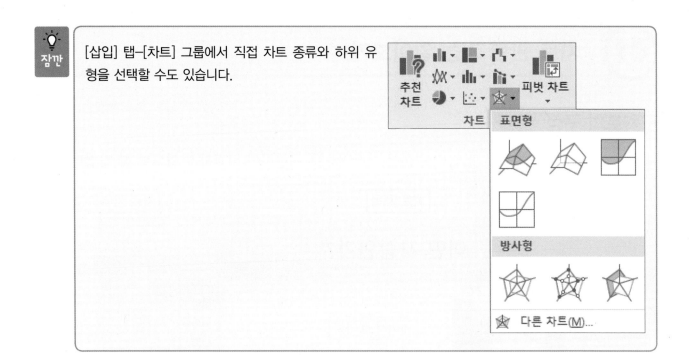

> **잠깐**
>
> [삽입] 탭-[차트] 그룹에서 직접 차트 종류와 하위 유형을 선택할 수도 있습니다.

▶ [차트 도구]-[디자인] 탭 살펴보기

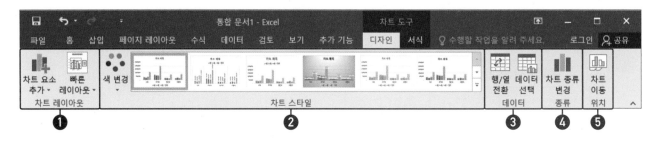

❶ [차트 레이아웃] 그룹

- **차트 요소 추가** : 축, 축 제목, 차트 제목 등 차트의 요소를 표시하거나 숨길 수 있습니다.
- **빠른 레이아웃** : 미리 준비된 레이아웃을 선택할 수 있습니다.

❷ [차트 스타일] 그룹

- **색 변경** : 차트 전체의 색을 변경할 수 있습니다.
- **빠른 스타일** : 미리 준비된 차트 스타일 갤러리에서 차트 스타일을 선택할 수 있습니다.

❸ [데이터] 그룹

- **행/열 전환** : 행과 열을 전환해 축의 데이터를 변경할 수 있습니다.
- **데이터 선택** : [데이터 원본 선택] 대화상자에서 데이터를 범위를 변경할 수 있습니다.

❹ [종류] 그룹 : 차트의 종류를 변경할 수 있습니다.

❺ [위치] 그룹 : 차트의 위치를 새 시트 또는 다른 워크시트로 이동할 수 있습니다.

가계부 지출 내역 차트 만들기

▶ 차트 삽입하기

01 엑셀을 실행한 후 [새 통합 문서]를 클릭합니다. 새 통합 문서에 다음처럼 데이터를 **입력**하고 셀 서식을 적용합니다. 합계는 SUM 함수를 이용하여 수식으로 작성합니다.

	A	B	C	D	E	F
1	우리집 가계부 지출 내역					
2						
3	월	식비	주거비	통신비	교통비	
4	1월	395,000	710,000	270,000	250,000	
5	2월	300,000	620,000	250,000	300,000	
6	3월	420,000	600,000	220,000	250,000	
7	합계	1,115,000	1,930,000	740,000	800,000	
8						

 제공하는 [준비파일] 폴더의 '가계부.xlsx' 파일을 불러와 다음 작업을 진행해도 됩니다.

02 [A3] 셀을 선택한 후 [삽입] 탭-[차트] 그룹-[추천 차트]를 클릭합니다.

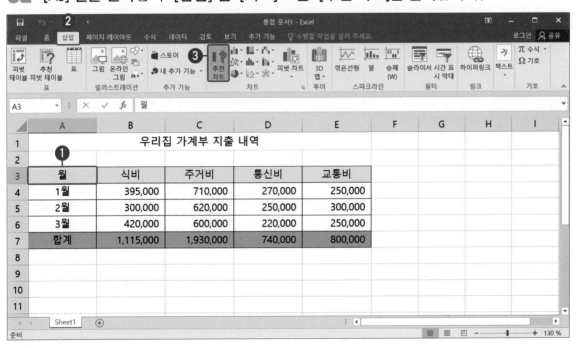

 차트를 만들기 전에 선택하는 셀이 [A3] 셀이 아니어도 됩니다. 표 안의 임의의 셀을 선택하면 차트를 생성할 수 있습니다.

03 [차트 삽입] 대화상자가 나타나면 [추천 차트] 탭의 추천 목록에서 원하는 형태를 선택하고 [확인] 버튼을 클릭합니다.

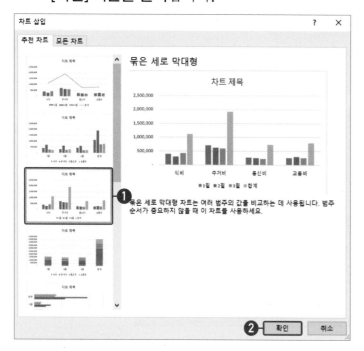

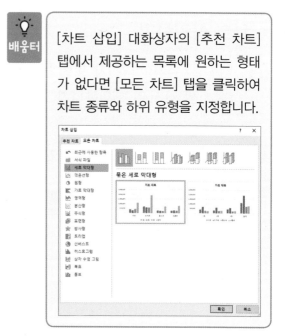

[차트 삽입] 대화상자의 [추천 차트] 탭에서 제공하는 목록에 원하는 형태가 없다면 [모든 차트] 탭을 클릭하여 차트 종류와 하위 유형을 지정합니다.

04 워크시트 위에 차트가 삽입됩니다.

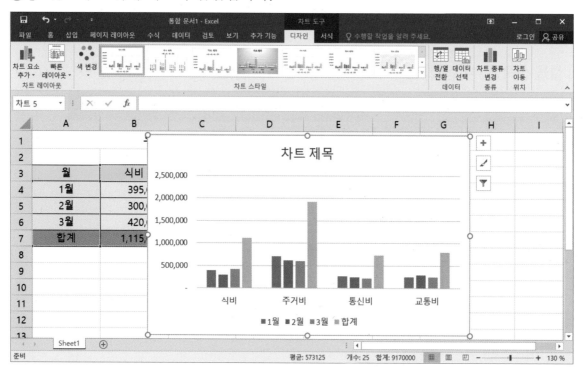

▶ 보조 축 추가 및 차트 종류 변경하기

01 '합계' 데이터 계열의 차트 종류만 변경하기 위해서 '**합계**' 계열을 선택합니다. [**차트 도구**]–[**디자인**] 탭–[종류] 그룹–[**차트 종류 변경**]을 클릭합니다.

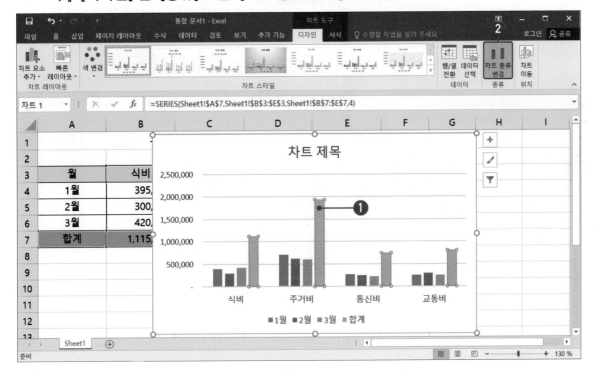

02 [차트 종류 변경] 대화상자가 나타나면 [데이터 계열에 대한 차트 종류와 축을 선택합니다.]에서 [계열 이름]이 '**합계**'인 항목의 [보조 축]의 □를 클릭하여 체크합니다. [차트 종류]의 [묶은 세로 막대형]을 클릭하여 '표식이 있는 꺾은선형'으로 변경한 후 [확인] 버튼을 클릭합니다.

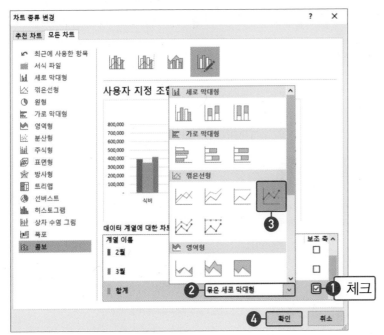

03 '합계' 데이터 계열의 차트 종류가 바뀐 모습을 확인할 수 있습니다.

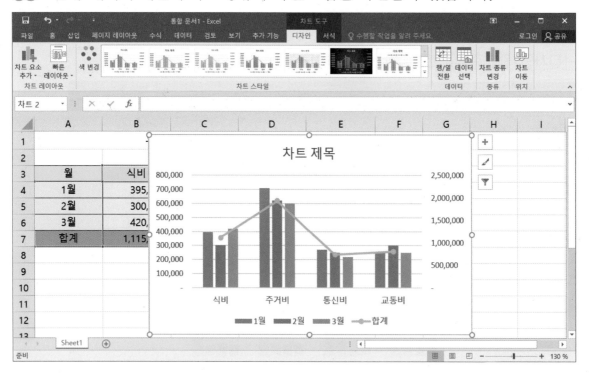

04 [차트 도구]-[디자인] 탭-[차트 레이아웃] 그룹-[빠른 레이아웃]에서 [레이아웃 1]을 선택합
니다. 데이터 계열 사이가 좁혀지고 범례가 오른쪽으로 이동하는 등 레이아웃이 변경된
것을 확인할 수 있습니다.

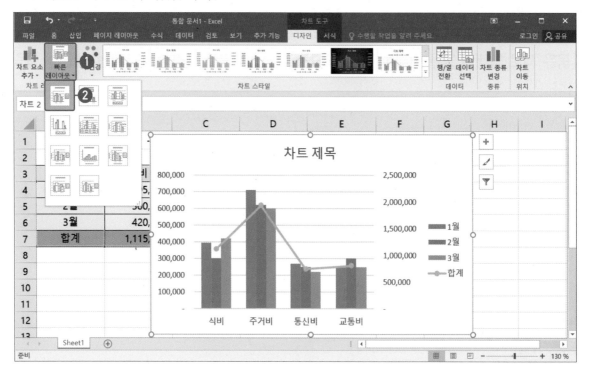

▶ 축 표시 단위 변경하기

01 세로 (값) 축을 선택한 후 [차트 도구]-[서식] 탭-[현재 선택 영역] 그룹-[선택 영역 서식]을 클릭합니다. [축 서식] 창이 나타나면 [축 옵션]의 [표시 단위]를 '10000'으로 설정합니다.

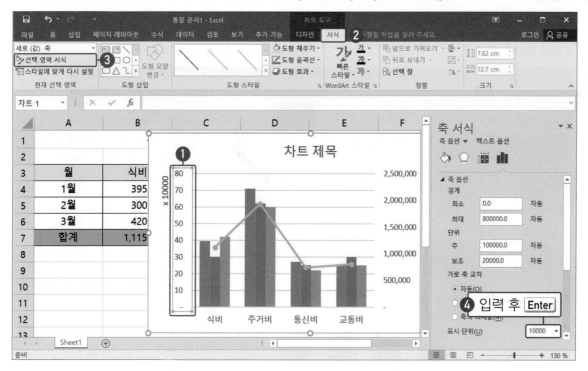

02 보조 세로 (값) 축을 선택한 후 [축 서식] 창에서 [표시 단위]를 '10000'으로 설정합니다. [축 서식] 창의 ×(닫기) 버튼을 클릭합니다.

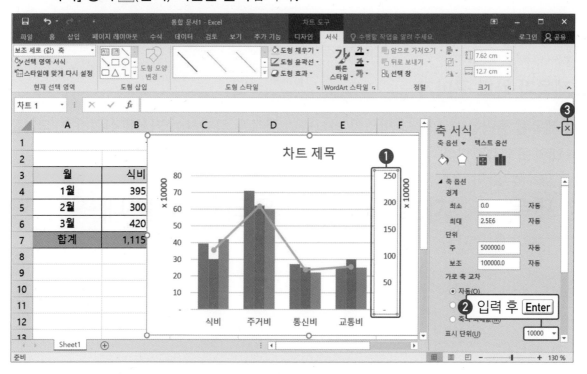

▶ 데이터 레이블 추가하기

01 '합계' 계열을 클릭한 후 '주거비' 요소를 클릭합니다.

02 [차트 도구]-[디자인] 탭-[차트 레이아웃] 그룹-[차트 요소 추가]에서 [데이터 레이블]-[데이터 설명선]을 선택합니다. 데이터 레이블이 생성된 것을 확인할 수 있습니다.

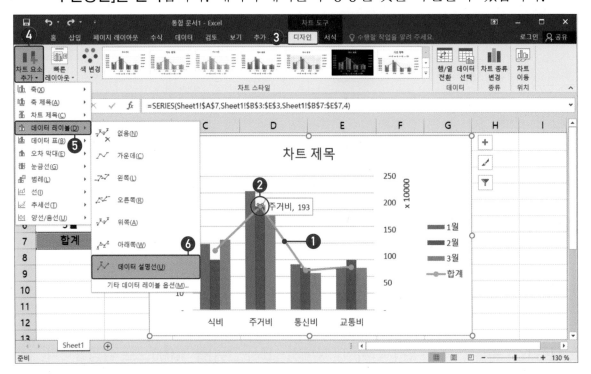

 잠깐 '합계' 계열을 한 번 클릭하면 합계가 전체가 선택되어 전체에 데이터 레이블을 적용할 수 있습니다.

▶ 차트 제목과 차트 꾸미기

01 '차트 제목'을 클릭한 후 바운딩 박스가 나타나면 안쪽을 클릭하여 커서를 삽입하고 '우리집 지출 내역'을 입력합니다.

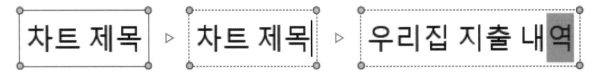

02 차트 제목의 가장자리를 클릭한 후 [차트 도구]-[서식] 탭-[빠른 스타일]에서 [채우기 – 파랑, 강조 1, 그림자]를 선택합니다.

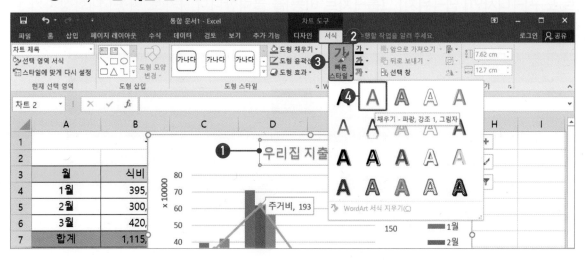

03 차트 영역을 선택한 후 [차트 도구]-[서식] 탭-[도형 스타일] 그룹-[도형 채우기]에서 [노랑]을 선택합니다. 그림 영역을 선택한 후 같은 방법으로 [흰색, 배경 1]을 선택합니다.

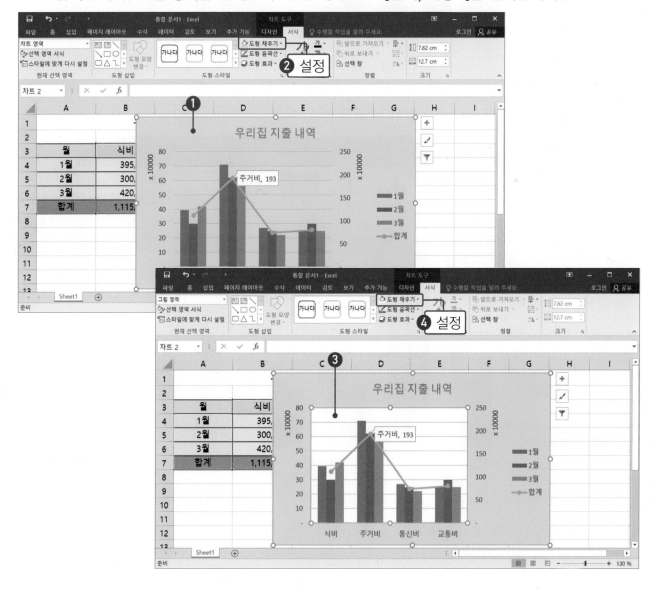

▶ 차트 이동하기

01 [차트 도구]-[디자인] 탭-[위치] 그룹-[차트 이동]을 클릭합니다. [차트 이동] 대화상자가 나타나면 [새 시트]를 선택하고 [확인] 버튼을 클릭합니다.

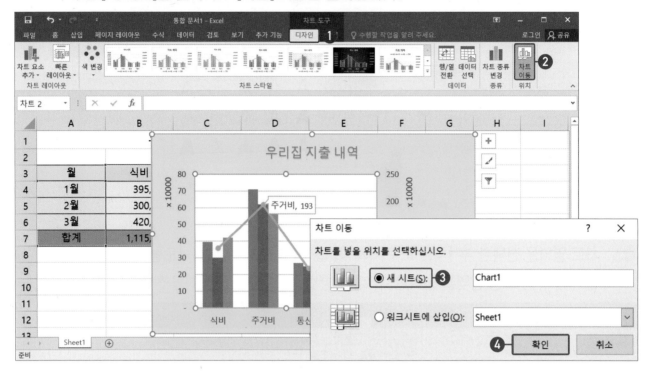

02 'Chart1' 시트가 생성되며 차트가 이동한 것을 확인할 수 있습니다.

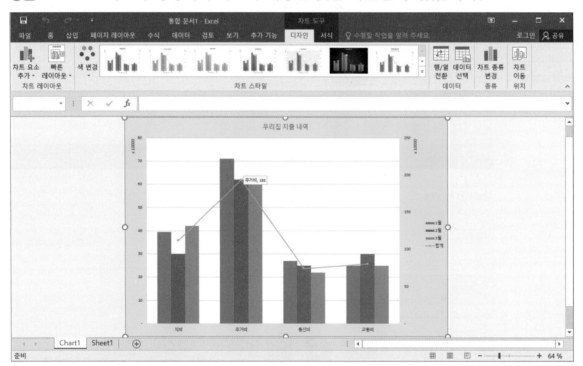

03 빠른 실행 도구 모음의 ■(저장)을 클릭하여 파일 이름을 '가계부'로 저장합니다.

응용력 키우기

01 새 통합 문서를 생성한 후 다음처럼 입력하고 셀 서식을 적용해 봅니다.

	A	B	C	D	E
1		단풍 여행으로 선호하는 산			
2		산이름	남자	여자	
3		금강산	35.5%	32.8%	
4		설악산	26.3%	22.5%	
5		오대산	20.7%	17.5%	
6		지리산	17.5%	27.2%	
7					

02 문제 **01**의 자료를 가지고 다음과 같은 차트를 작성한 후 '단풍여행.xlsx'로 저장해 봅니다.

- **차트 종류 :** '3차원 묶은 세로 막대형' 설정
- **차트 스타일 :** '스타일 3' 설정
- **차트 위치 :** 기본 삽입된 워크시트의 [F1:L14] 영역 내에 배치

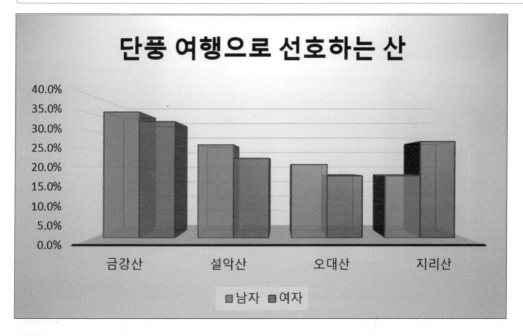

[B2:D6] 영역을 선택한 후 [삽입] 탭–[차트] 그룹에서 차트를 삽입합니다. 해당 범위에 셀 포인터만 놓고 차트를 만들면 범례의 텍스트에 1행의 제목이 함께 표시될 수 있습니다. 이런 경우에는 [차트 도구]–[디자인] 탭–[데이터] 그룹–[데이터 선택]을 클릭하여 차트 데이터 범위를 재설정합니다.

03 새 통합 문서를 생성한 후 다음처럼 입력하고 셀 서식을 적용해 봅니다.

	A	B	C	D	E	F
1		Q. 괜찮은 사람인지 판단하는 기준 ?				
2						
3	성별	인간 관계	행동과 말투	소비습관	성실함	기타
4	20대	340	360	200	80	20
5	30대	250	410	180	135	25
6	합계	590	770	380	215	45
7						

04 문제 **03**의 자료를 가지고 다음과 같은 차트를 작성한 후 '판단기준.xlsx'로 저장해 봅니다.

- **차트 제목 서식** : WordArt 스타일 '채우기 – 흰색, 윤곽선 – 강조 2, 진한 그림자 – 강조 2' 설정
- **차트 영역** : 도형 채우기 '연한 녹색' 설정
- **그림 영역** : 도형 채우기 '흰색, 바탕 1' 설정
- **'합계' 계열** : 데이터 레이블 '위쪽' 설정
- **차트 위치** : 기본 삽입된 워크시트의 [G2:M14] 영역 내에 배치

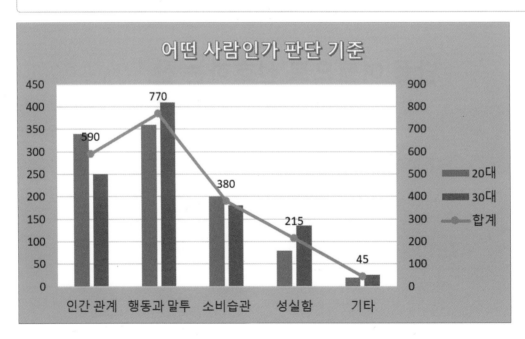

할 수 있다!

엑셀 2016 기초

개정1판2쇄발행	2024년 05월 01일
초 판 발 행	2019년 12월 10일
발 행 인	박영일
책 임 편 집	이해욱
저 자	장경숙
편 집 진 행	윤은숙
표 지 디 자 인	김도연
편 집 디 자 인	신해니, 김지현
발 행 처	시대인
공 급 처	(주)시대고시기획
출 판 등 록	제 10-1521호
주 소	서울시 마포구 큰우물로 75 [도화동 538 성지 B/D] 6F
전 화	1600-3600
홈 페 이 지	www.sdedu.co.kr
I S B N	979-11-383-6157-6(13000)
정 가	12,000원

'시대인'은 종합교육그룹 '(주)시대고시기획·시대교육'의 단행본 브랜드입니다.